Die schönsten und beliebtesten Kinderlieder

Über die Autorin Gertrud Weidinger, Mutter zweier Söhne, ist Spezialistin für musikalische Früherziehung. Seit Jahren komponiert und textet sie eigene Kinderlieder.

Illustrationen Susanna zu Knyphausen, München

© 1998 by Cormoran Verlag in der
Verlagshaus Goethestraße GmbH & Co. KG
2. Auflage

Redaktion Ulrike Kühnel

Redaktionsleitung Nina Andres

Umschlaggestaltung Manuela Hutschenreiter

Layout AVAK Publikationsdesign, München

Herstellung Manfred Metzger

Druck und Bindung Westermann Druck Zwickau GmbH

Printed in Germany
Gedruckt auf chlor- und säurearmem Papier
ISBN 3-517-07950-2

Gertrud Weidinger • Susanna zu Knyphausen

Die schönsten und beliebtesten

Kinderlieder

Zum Singen, Tanzen und Mitmachen

Cormoran

Inhalt

Vorwort Lieder zum Singen, Spielen, Tanzen 8

Kinder musikalisch fördern

Die Hörfähigkeit entwickeln 12

Einfache Hörübungen 12

Die Sprach- und Stimm-entwicklung fördern 17

Sprache und Musik 17
So machen Sie den Sprachrhythmus
    deutlich 17
Die Entwicklung und Förderung der
    Stimme 21

So aktivieren Sie das Zwerchfell 21
So stärken Sie Atmung und
    Atemspannung 22
So erweitern Sie den Resonanz-
    körper 23
Vom ersten Lallen zum Lied 24

Erste Schritte zu einem Instrument 27

Musik bereichert die kind-liche Entwicklung 30

Lieder fördern das soziale
    Miteinander 30
Musik als wichtiges Erfahrungs-
    und Ausdrucksmittel 31

Von früh bis spät

Am Morgen 34

1 Guten Morgen 34
2 Bruder Jakob 35
3 Jetzt steigt Hampelmann 36
4 Ich ziehe meine Hose an 38

Am Abend und
zum Einschlafen 39

5 Kehraus 39
6 Wenn der Mond am
   Himmel steht 40

7 Wiegenlied 41
8 Weißt du, wieviel Sternlein
   stehen 42
9 Schlaf, Kindlein, schlaf 44
10 Kindlein mein 45
11 Wer hat die schönsten
   Schäfchen? 46
12 Nun schlaf, mein liebes
   Kindelein 47
13 Der Mond ist aufgegangen 48
14 Die Blümelein, sie
   schlafen 50
15 Guten Abend, gut' Nacht . . . 51

In die weite Welt hinein

Spiel und Spaß 54

16 Macht auf das Tor 54
✳ Die Prinzessin von
   Habmichgern 55
17 Liebe Schwester, tanz mit mir . . 56
18 Wollt ihr wissen? 58
19 Ich bin ein kleiner Tanzbär . . . 60
20 Taler, Taler, du mußt wandern . 61
21 Häslein in der Grube 62
22 Der Butzemann 63
23 Hänschen klein 64
24 Suse, liebe Suse 66
25 Kommt a Vogerl geflogen . . . 67
26 Gemüseball 68
✂ Lustige Gemüsekostüme 69

27 Ein Schneider fing 'ne Maus . . . 70
28 Immer rechtsherum 72
29 Lied vom Nilpferd und
   der Feder 74
30 Das Flummilied 75
31 Mäuse träumen 76
✂ Mäusemaske 77
32 Mein Hut, der hat drei Ecken . 78
33 Froh zu sein, bedarf es wenig . . 79

5

34	Backe, backe Kuchen	80
35	Es klappert die Mühle	81
36	Wollt ihr wissen, wie der Bauer	82
37	Grün sind alle meine Kleider	84
38	Es schneidet die Schere	85
39	Zeigt her eure Füßchen	86
40	Handwerkerlied	88

Unterwegs 90

41	Das Wandern ist des Müllers Lust	90
✱	Hans auf der Wanderschaft zum Glück	91
42	Grün heißt gehen	92
43	Eisenbahn	93
44	Auf de schwäbsche Eisebahne	94
45	Wir reisen nach Jerusalem	96

In der Natur 98

46	Gretel, Pastetel	98
47	Ding, dong, die Katz' ist krank	99
48	Alle meine Entchen	100
49	Was haben wir Gänse für Kleider an	102
50	Ein kleines graues Eselchen	103
51	Auf unsrer Wiese gehet was	104
52	Springlied	105
53	Die Vögel wollten Hochzeit halten	106
✄	Vogelkostüme	107
54	Hofgesinde	108
55	Hüpferling-Ratelied	109
56	Ein Männlein steht im Walde	110
57	Lauf, Jäger, lauf	112

Fremde Länder, Menschen, Tiere 114

58	Die Tiroler sind lustig	114
59	Wenn wir fahrn fahrn fahrn	115
60	Winde wehn, Schiffe gehn	116
✄	Schiffskino	117
61	Mein lieber kleiner Vogel	118
62	Drei Chinesen mit dem Kontrabaß	119
63	Elefantennummer	120
64	Wann und wo	122

Ich bin das ganze Jahr vergnügt

Durch das Jahr 126

65 Rumsdidel, dumsdidel,
   Dudelsack 126
✂ Trommel 127
66 Heunt is der Faschingtag 128
✂ Clowngesicht 129
67 Kuckuck, Kuckuck 130
68 Regentröpfchen 131
69 Es regnet 132
✂ Flaschenklavier 133
70 Im Frühling, im Garten . . . 134
✂ Ostereierbecher 135
71 Liebe, liebe Sonne 136
72 Liebe Sonne, scheine wieder . . 138
✂ Der Tanz der Sonne 139
73 Der Kuckuck und der Esel 140
74 Froschkonzert 141
75 Der Sommertag ist da 142
76 Ich bin das ganze Jahr
   vergnügt 143
77 Die Jahreszeiten 144
78 In Mutters Stübele 145
79 Spannenlanger Hansel 146
✂ Fingerpuppen 147
80 Schneeflöckchen,
   Weißröckchen 148
81 A, a, a, der Winter, der ist da . . 149
82 Die Katze im Schnee 150
✂ Die Katze im Schnee 151
83 Winter ade! 152

Geburtstag 154

84 Kräht der Hahn früh am Tage . . 154
85 Peter hat Geburtstag 155
86 Weil du heut Geburtstag hast . . 156
87 Viel Glück und viel Segen . . . 158
✂ Geburtstagskette 159

Martin, Nikolaus, Advent und Weihnachten 160

88 Sankt-Martins-Lied 160
89 Laterne, Laterne 162
✂ Martinslaterne 163
90 Ich geh' mit meiner Laterne . . . 164
91 Niklausabend 165
92 Ruprecht, Ruprecht 166
93 Wann ist Advent? 167
94 Unser Licht ist hell 168
95 Morgen kommt der
   Weihnachtsmann 170
✂ Weihnachtskarten 171
96 Zu Bethlehem geboren 172
97 Ihr Kinderlein, kommet 173
98 O Tannenbaum, o Tannen-
   baum 174
99 Alle Jahre wieder 175

7

Vorwort

Lieder zum Singen, Spielen, Tanzen

Musik ist ein Urerlebnis und Urausdruck des Menschen. Musik wirkt sich auf das Verhalten und Empfinden auch eines kleinen Kindes aus. Hören lernen und damit Musik erleben steht in unmittelbarer Verbindung mit der Gesamtentwicklung eines Menschen. Deshalb ist musikalische Förderung von ursprünglicher Notwendigkeit für ein gesundes Gedeihen des Kindes.

Kinder erleben von Anfang an eine Umwelt voller Musik. Bereits im Mutterleib sind die kleinen Wesen von Klängen umgeben: Die werdende Mutter summt ein Lied oder pfeift vor sich hin. Sie unterhält sich in verschiedenen Tonhöhen und Tonlagen mit zärtlichem, sachlichem oder auch ärgerlichem Unterton. Dazu kommen noch die vielen anderen Musik- und Geräuschquellen, die von außen auf die werdende Mutter treffen: das Gespräch mit dem Partner, Radiomusik beim Bügeln, Stimmengewirr im Restaurant ... Schon hier nimmt das noch Ungeborene Anteil an der Klangwelt seiner Umgebung.

Nach der Geburt, außerhalb des Mutterleibes, ist das Baby direkt konfrontiert mit Geräuschen, Stimmen und Klängen. Die Stimme seiner Mutter ist ihm sicher am raschesten vertraut. Mit diesem Klang verbindet es schon bald freudige Erinnerungen an Sattwerden und Liebkosungen. Es beginnt zu lächeln, wenn die Mutter liebevoll mit ihm spricht. Es weint, wenn die Bezugsperson ärgerlich redet. Es beruhigt sich und schläft ein, wenn es mit einem leisen Wiegenlied sanft geschaukelt wird.

Durch immer mehr eigene Hörerfahrungen lernt das Kind Schritt für Schritt seine Umwelt kennen, lernt, zu unterscheiden, einzuordnen und wiederzuerkennen. Schon gegen Ende des ersten Lebensjahres versucht es, das, was es hört, mitzumachen oder nachzumachen. Es erkennt ein Lied wieder und probiert, an einer bestimmten Stelle auf irgendeine Weise mitzusingen. Weil ihm die Sprache noch nicht zur Verfügung steht, „lallt" oder „kräht" es mit. Offenbar hört das Kind erst lange Zeit vorher zu, bevor es selbst erste Sprechversuche unternimmt. Sie als Eltern

EIN BUCH VOLLER IDEEN

können viel dazu beitragen, die musikalische Sensibilität zu fördern und mit Hörübungen und Liedern die Hörwelt Ihres Kindes zu erweitern.

Dieses Buch enthält eine Menge Ideen, wie Sie Lieder
- In Bewegung und erste tänzerische Formen umsetzen
- Mit Klatsch- und Fingerspielen ausgestalten
- In Bastel- und Gestaltungsarbeiten sichtbar machen
- In Rollenspiele umwandeln oder in der Gruppe spielen
- Mit allerhand einfallsreichen Instrumenten aus Wegwerfmaterial begleiten – mit Geräten aus der Küche oder auch mit imaginären Instrumenten
- Mit passenden Geschichten bereichern.

Dabei können Sie deren Inhalte sowie die dabei entstandenen Gefühle mit dem Kind bedenken und bereden.
Der Fantasie sind keine Grenzen gesetzt!

Lieder sollen keine fertigen Verbrauchsprodukte sein, sie sollen die Fantasie anregen und zu eigenen Gestaltungsversuchen animieren.

Kinder musikalisch fördern

10 Die Hörfähigkeit entwickeln

17 Die Sprach- und Stimmentwicklung fördern

27 Erste Schritte zu einem Instrument

30 Musik bereichert die kindliche Entwicklung

Die Hörfähigkeit entwickeln

Je mehr das Kleinkind lernt, Töne und Geräusche zu unterscheiden, um so besser erkennt es Gegenstände, Personen und Situationen.

Die Hörfähigkeit spielt in der musikalischen Förderung eine ganz wesentliche Rolle, unabhängig vom Alter des Kindes. Das Kind beobachtet, hört, erkennt und ahmt nach. Auf diese Weise werden Menschen identifiziert (z. B. der Vater kommt nach Hause), Gegenstände entdeckt (das Geräusch, wenn die Schranktür geöffnet wird), Atmosphären erspürt (die Mutter kämmt das Haar des Kindes und singt dabei).

Einfache Hörübungen

Im Tagesablauf begegnen dem Kind immer wieder die gleichen Gegenstände, vollziehen sich immer wieder gleichbleibende Handlungen. Dies ist meist mit entsprechenden Geräuschen verbunden. Solche Handlungen und Gegenstände bieten Anhaltspunkte für Hörübungen.

DIE HÖRFÄHIGKEIT ENTWICKELN

Hörspiele für das Baby

🎵 Das Neugeborene kennt Ihre Stimme und liebt es, Ihnen zuzuhören. Sprechen Sie ihm ab und zu ganz leise ins Ohr. Sie werden sehen, wie aufmerksam das Baby Ihrem Flüstern lauschen wird.

🎵 Summen oder singen Sie ein Wiegenlied, und wiegen Sie dabei Ihr Baby auf dem Arm. Die schaukelnden, weichen Bewegungen wecken beim Baby angenehme Erinnerungen an die Geborgenheit im Mutterleib.

Schlaf, schlaf

Schlaf, schlaf, schlaf, schlaf! Schla-fe bis zum Mor-gen!
Schlaf, schlaf, schlaf, schlaf! Schla-fe oh-ne Sor-gen!
In den Blät-tern raunt der Wind: Schla-fe ein, schlaf ein mein Kind!

Höranreize aus der Umwelt aufnehmen

🎵 Beim Spazierenfahren legen Sie an einem stillen Fleck eine Pause ein. Das Räderrollen verstummt. Das wache Baby kann die Stille in der Natur wahrnehmen.

🎵 Halten Sie einen tickenden Wecker an das Ohr des Babys, und führen Sie die Hand Ihres Kindes an das Gehäuse des Weckers. Das Kind hört und spürt den gleichmäßigen Schlag. Dieses Ticken wird durch die Körperbewegung verstärkt, die Mutter und Kind miteinander vollziehen: „Wir pendeln hin und her – so, wie die Uhr tickt." Nun beginnen Sie leise, aber deutlich das Lied zu singen. Am Ende des Liedes pendelt der Uhrenschlag noch

Lassen Sie Ihr Kind auch Atmosphäre spüren und hören. Dazu gehört die Stille ebenso wie das Lauschen auf Naturgeräusche.

KINDER MUSIKALISCH FÖRDERN

ein bißchen in der Körperbewegung nach, dann hört und spürt das Kind nur noch das Ticken des Weckers.

Große Uhren gehen tick, tack

Gro - ße   Uh - ren   ge - hen   tick, tack,   tick, tack,

klei - ne   Uh - ren   ge - hen   tick, tack, tick, tack,

tick, tack, tick, tack,   und   die   klei - nen   Ta - schen - uh - ren

tik - ke, tak - ke, tik - ke, tak - ke,   tik - ke, tak - ke, tick.

🎵 Beim Spazierengehen nimmt das Kind das Bellen eines Hundes, das Zwitschern eines Vogels oder das Läuten von Glocken wahr. Bleiben Sie stehen, damit das Kind durch nichts anderes gestört ist und sich ganz auf das Hören konzentrieren kann. Lassen Sie Ihrem Kind viel Zeit zum Zuhören. Dann erst ahmen Sie das Geräuch selbst nach. Sie werden sehen, auch Ihr Kind wird versuchen, das Geräusch nachzumachen.

Das wachsende Unterscheidungsvermögen fördern

🎵 Unterhalten Sie sich auch einmal mit Ihrem Kind in einer Tiersprache. Sie können z. B. als Katze ein lustiges Gespräch führen! Ihr Kind lernt dabei, daß allein durch die Sprachmelodie schon bestimmte Gefühle und Abläufe ausgedrückt werden können.

GERÄUSCHE UNTERSCHEIDEN LERNEN

🎵 Öffnen Sie das Fenster, und lassen Sie die Geräusche von draußen herein. Lassen Sie Ihr Kind erzählen, welche Geräusche es hören und erkennen kann (ein Auto fährt an, Leute unterhalten sich auf der Straße, jemand schlägt die Haustür zu ...).

🎵 Wenn Freundinnen oder Freunde Ihres Kindes da sind, bietet es sich an, das bekannte Spiel „Hänschen, piep einmal" zu spielen. Dabei muß ein Kind mit verbundenen Augen die anderen Kinder allein an ihrer Stimmlage erkennen.

15

KINDER MUSIKALISCH FÖRDERN

Hören in Bewegung umsetzen

🎵 Stellen Sie z. B. ein Geräuschrätsel: Sie ahmen mit der Stimme ein bestimmtes Tier nach. Das Kind versucht, das Tier zu erraten, und spielt es nun in der entsprechenden Tierbewegung nach.

🎵 Nehmen Sie Ihren kleinen Liebling auf den Schoß, und beginnen Sie Pferdchen zu spielen. Das Kind reitet dabei auf Ihren Knien. Der Rhythmus des Liedes spiegelt sich in der Bewegung der Füße wider. Das Kind sitzt als Reiter auf den Knien der Mutter, hört zu und erlebt über die Verbindung von Hören und Bewegung, wovon das Lied erzählt.

Hoppe, hoppe, Reiter

🎵 Spielen Sie selbst ein Instrument, oder haben Sie die Möglichkeit, bei Freunden hineinzuhören? Geben Sie Ihrem Kind die Chance, das Instrument besser zu hören, nicht nur über die Ohren, sondern auch über den Tastsinn. Lassen Sie es dazu die Augen schließen, und führen Sie die Hände des Kindes an die schwingenden Saiten des Klavieres, an den Korpus der klingenden Gitarre, über das Glockenspiel, das Xylophon ... Regen Sie an, Klänge eines Instrumentes und Bewegungen miteinander in Zusammenhang zu bringen, z. B. weiche Klänge auf dem Glockenspiel in fließende Bewegungen umzusetzen, hart klingende Töne abgehackt darzustellen.

SATZMELODIE UND SPRECHRHYTHMUS

Die Sprach- und Stimmentwicklung fördern

Sprache und Musik

Sprechen hat viel mit Musik zu tun. Unsere Sätze haben eine bestimmte Melodie, einen bestimmten Rhythmus. Deshalb kann man mit Musik- und Rhythmusinstrumenten das Sprachempfinden von Kindern fördern bzw. auch umgekehrt mit rhythmischen Abzählversen, Reimen und Sprüchen das Musikempfinden des Kindes fruchtbar machen. Daneben ist es sinnvoll, diese Sprachrhythmisierung mit dem Körper zu unterstützen.

So machen Sie den Sprechrhythmus deutlich

🎵 Sprechen Sie einen kleinen Vers oder Spruch zunächst sehr deutlich und mit der in der Sprache liegenden Betonung und Rhythmisierung vor.

🎵 Lassen Sie einzelne markante Teile eines Verses vom Kind selbst sprechen. Für den untenstehenden Vers suchen Sie sich z. B. die Reimpaare „Rosen" – „Aprikosen", „Vergißmeinnicht" – „setzen sich" aus und lassen sie von Ihrem Kind ergänzen.

Ringel, Rangel, Rosen

Ringel, Rangel, Rosen,
schöne Aprikosen,
Veilchen und Vergißmeinnicht,
alle Kinder setzen sich.

KINDER MUSIKALISCH FÖRDERN

Im Alter von etwa drei Jahren stehen Fingerspiele bei Kindern hoch im Kurs. Auf spielerische Art und Weise wird der Spracherwerb bereichert und die musikalische Fähigkeit des Kindes gefördert. Das Kind lernt sich selbst kennen.

🐭 Klatschen Sie mit den Händen den Sprachrhythmus mit. Sie können aber auch ganz einfache Küchengegenstände verwenden, z. B. eine umgedrehte Plastikschüssel, auf der Sie mit einem Kochlöffel im Sprechrhythmus trommeln.

🐭 Stellen Sie ohne Sprache einen Vers mit Klatschen vor. Ihr Kind soll den Vers dazu erraten oder einen erfinden ...

🐭 Geben Sie im Gehen, Hüpfen, Springen, mit Drehungen dem Rhythmus durch Ihren ganzen Körper Ausdruck.

🐭 Ein besonders schönes Beispiel, wie sich Sprechverse auch in Gesten, also in Fingerspiele, umsetzen lassen und dazu noch die Merkfähigkeit des Kindes fördern, ist der folgende Vers.

KLATSCHEN, HÜPFEN, SPRINGEN

Das ist der Daumen

Vers:

Das ist der Dau-men, der schüt-telt die Pflau-men,
der hebt sie auf, der bringt sie nach Haus', und der
ganz klei-ne ißt sie al-le auf.

Begleiten Sie den Spruch mit folgenden Gesten:
„Das ist der Daumen" – *nehmen Sie den Daumen des Kindes zwischen Ihre Finger,*
„der schüttelt die Pflaumen" – *schütteln Sie sanft den Zeigefinger des Kindes,*
„der hebt sie auf" – *tippen Sie auf den Mittelfinger des Kindes,*
„der bringt sie nach Haus'" – *mit dem Ringfinger des Kindes spielen Sie das Gehen nach,*
„und der ganz kleine ißt sie alle auf" – *fassen Sie den kleinen Finger des Kindes kurz, und lassen Sie dann seine ganze Hand in Ihrer Hand verschwinden.*

Achten Sie darauf, daß ein lockerer, freier Sprachfluß entsteht und daß Sie wirklich immer denselben Wortlaut verwenden. Kinder lieben Wiederholungen!

Ab ungefähr vier bis fünf Jahren beginnen Kinder, selbst Reime zu erfinden. Gerade wenn sie in Gemeinschaft mit anderen sind, z. B. während der Kindergartenzeit, fangen sie an zu fabulieren, zu fantasieren und zu rhythmisieren. Kleine Gedichte werden gemeinsam rezitiert. Der Reiz an dieser Angelegenheit ist das gemeinsame Tun. Alles, was miteinander, quasi im Chor gestaltet wird, ist viel lustiger und eindringlicher als das, was sie alleine tun.
Zu dieser Zeit beginnen die Kinder mit den beliebten Abzählversen und Klatschspielen. Sie stehen dann – Jungen

KINDER MUSIKALISCH FÖRDERN

und Mädchen bunt gemischt – in einer Gruppe zusammen, singen nach einer einfachen Melodie ihren Text. Dazu wird auf ganz unterschiedliche Art und Weise geklatscht: Da wird sowohl in die eigenen Hände geklatscht als auch in die der Nachbarin, die rechte Hand klatscht in die rechte Hand des Gegenübers usw.

 Beim folgenden Beispiellied klatschen die Kinder einmal in die eigenen Hände und dreimal in die Hände der Partnerin bzw. bei der Kreisaufstellung in die rechte und linke Hand des danebenstehenden Kindes.

Oh, ene mene mei

DIE ATMUNG SPIELERISCH STÄRKEN

Die Entwicklung und Förderung der Stimme

Die Stimme prägt einen wesentlichen Teil des Persönlichkeitsbildes, auch beim Kind! Mit der Stimme können wir in Kontakt treten, unsere Gedanken verständlich machen, Gefühle wie Freude und Angst vermitteln. Mit ihr singen, spielen, sprechen, musizieren wir. Deshalb ist es von großer Wichtigkeit, eine gesunde Stimme zu erhalten und zu entwickeln.

Zur gesunden Stimme müssen drei Bereiche ineinandergehen: das Zwerchfell als eine Art Motor, der Atem sozusagen als Treibstoff und der Resonanzkörper, vergleichbar mit einer Karosserie. Sind diese drei Teile im Einklang, klingt auch die Stimme gesund, oder im Bild gesprochen, kann das Auto fahren. Selbstverständlich lassen sich diese drei Teilbereiche auch trainieren.

So aktivieren Sie das Zwerchfell

- Singen Sie das Lied „Handwerkerlied" (Nr. 40). Lassen Sie Ihr Kind die jeweilige Tätigkeit akustisch darstellen, z. B. „Puh, puh, puh ..." für das Stöhnen und Keuchen beim Steinemauern. Ähnliches können Sie mit „Tsch, tsch, tsch ..." beim „Eisenbahnlied" (Nr. 43) trainieren. Das Zwerchfell zieht sich immer wieder zusammen und dehnt sich wieder.

- Spielen Sie doch einmal mit Ihrem Kind „Tischtennis im Wasser". Dazu hat jeder einen Strohhalm im Mund. Ein Tischtennisball wird in einer großen Wasserschüssel nur über das Pusten bewegt. Wer ihn zuerst an einer vorher abgemachten Stelle hat, der ist Pustemeister!

- Ihr Kind darf sein Lieblingslied mit einer imaginären Flöte auf „Di, di, di ..." spielen. Sie regen damit das Zwerchfell immer von neuem an, sich zusammenzuziehen und zu entspannen.

- Und nicht zuletzt: Lachen ist gesund! Alles, was mit Lachen zu tun hat, stärkt ebenfalls das Zwerchfell.

KINDER MUSIKALISCH FÖRDERN

So stärken Sie Atmung und Atemspannung

🎵 Sitzen Sie und Ihr Kind in Kutscherposition, bewegen Sie beim Atmen Ihre Arme vor und zurück. Sie werden spüren, daß Sie stark und kontrolliert einatmen.

🎵 Legen Sie Ihr Kind während des Spielens auf den Rücken, und legen Sie ihm ein Buch auf den Bauch. Die Vorgabe heißt: „Das Buch soll sich bewegen von oben nach unten, von unten nach oben ..."

🎵 Gibt es irgendwo blühenden Löwenzahn? Gehen Sie mit Ihrem Kind dahin, und spielen Sie „Ausblasen"! Die Pusteblume soll mit einem Atem leer werden. Ihr Kind lernt dabei, die Atemspannung zu halten, den Atem so zu dosieren, daß es nicht sofort nach dem ersten Anpusten „nicht mehr kann".

🎵 Ein ebenso lustiges Spiel können Sie in der Badewanne ablaufen lassen: das „Blubberspiel". Sie brauchen dazu zwei Strohhalme. Jeder blubbert bzw. bläst durch den Strohhalm ins Badewasser, bis er nicht nicht mehr kann.

🎵 Spielen Sie mit Ihrem Kind das „Fahrradschlauchspiel". Wie einen Fahrradschlauch pumpt man dabei die Lunge auf, indem man lange und langsam durch die Nase einatmet. Danach läßt der Fahrradschlauch Luft ab, und man atmet so lange wie möglich langsam ab: „Sssssssss ..." oder „Ffffffffff ...".

22

ROLLENSINGEN MACHT SPASS

So erweitern Sie den Resonanzkörper

🐦 Spielen Sie das „Bienenspiel": Eine Biene sitzt in der Nase. Sie summt immerzu: „Hm ...". Das tut sie nicht nur für eine Sekunde, sondern so lange, wie der Atem des Kindes es zuläßt.

🐦 Das Kind hört Glocken. Ahmen Sie miteinander die Glocken nach, und lassen Sie sie möglichst lang nachklingen: „Dinggggg, danggggg, donggggg ...". Dazu können Sie auch das Lied „Bruder Jakob" (Nr. 2) auswählen.

🐦 Im weiten Brunnenschacht hören wir das Lied: „Ist ein Mann in' Brunnen g'falln" (Seite 27). Je nachdem, wie tief der Mann bereits im Brunnen ist, hören wir sein Lied mit weniger oder mehr Hall, d. h. mit viel Fülle oder auch nur ganz „dünn" gesungen.

🐦 Auch das Lied „Drei Chinesen mit dem Kontrabaß" (Nr. 62) eignet sich sehr gut, den Resonanzkörper zu trainieren. Je nachdem, ob Sie das Lied mit dem Vokal „a", „i" oder „u" singen, sitzt die Stimme anders.

🐦 Singen Sie mit Ihrem Kind ein beliebiges Lied in verschiedenen Rollen und mit verschiedenen dazugehörigen Stimmen: mal als alter Brummbär, mal als zarte Prinzessin, mal mit der kratzenden Stimme einer bösen Hexe ... Dieses Rollensingen macht Spaß und weitet gleichzeitig den Resonanzkörper des Kindes.

KINDER MUSIKALISCH FÖRDERN

Vom ersten Lallen zum Lied

Das erste Lied des Kindes gilt seiner Bezugsperson, meistens der Mutter. Wenn das Kleinkind, normalerweise etwa im zweiten Lebensjahr, „Ma-ma" zunächst lallt und dann ruft, schwingen bereits zwei Töne mit, die mit der Zeit immer deutlicher und melodiöser werden.

Diese kleine Melodie aus zwei Tönen, der sogenannte Kuckucksruf, gilt als Keimzelle jeden Liedes. Aus diesem Kuckucksruf entwickeln sich Schritt für Schritt weitere Töne. Das sind zunächst die Nachbartöne des Kuckucksrufes, speziell der Nachbarton nach oben. Die Leiermelodie ist da:

Ringel, Ringel, Reihe

Rin - gel, Rin - gel, Rei - he! Sind der Kin - der drei - e,
sit - zen un - term Hol - der - busch, schrei - en al - le: „Husch, husch, husch!"

Der Kuckucksruf befindet sich beim Wort „Reihe" und „dreie" (Ton g und e). Der dritte Ton nach oben (Ton a) ist typisch für die Leiermelodie. Wenn Sie Kindern im Alter von etwa drei Jahren zuhören, werden Sie feststellen, daß sie zum Singen fast ausschließlich die Leiermelodie verwenden. Auch das folgende Lied hat eine Leiermelodie.

DIE LEIERMELODIE ALS BASIS

Regen, Regentröpfchen

Re - gen, Re - gen - tröpf - chen, fall mir auf mein Köpf - chen!

Fall nur nicht da - ne - ben, daß ich lang soll le - ben!

KINDER MUSIKALISCH FÖRDERN

Langsam erweitert sich der Tonraum von der Leiermelodie zu kleinen Kinderliedern mit fünf Tönen. Im folgenden Beispiellied ranken sich – ausgehend vom Kuckucksruf (c, a) – drei weitere Töne (b, g, f) um die Melodie. Nicht nur dieser Tonumfang, auch der Aufbau des Liedes entspricht dem musikalischen Vermögen eines fünf- bis sechsjährigen Kindes: Der erste und der letzte Teil des Liedes wiederholen sich sowohl in der Sprache als auch in der Melodie. Nur der Zwischenteil bringt einen neuen Text und auch eine neue Abfolge der fünf Töne.

Summ, summ, summ

1.–3. Summ, summ, summ, Bien-chen, summ he-rum!

1. Ei, wir tun dir nichts zu-lei-de, flieg nur aus in Wald und Hei-de!
2. Son-ne ü-ber al-len We-gen, Blü-ten-duft weht dir ent-ge-gen.
3. Füll mit sü-ßem Saft die Wa-ben, wol-len uns mit Ho-nig la-ben.

1.–3. Summ, summ, summ, Bien-chen, summ he - rum!

Von dieser Plattform aus weitet sich im Alter von etwa sieben Jahren schließlich der Tonumfang auf die gesamte Tonleiter mit ihren acht Tönen.

Übrigens: Wenn Sie mit Ihrem Kind ein Lied singen, denken Sie bitte daran, daß die Kinderstimme viel höher liegt als normale Erwachsenenstimmen. Stimmen Sie also lieber zu hoch als zu niedrig an.

EINFACHE MUSIKINSTRUMENTE FÜR ANFÄNGER

Erste Schritte zu einem Instrument

Im Kind sind natürliche Fähigkeiten angelegt, wie Sprache und Bewegung. Auch die Musik ist eine Befähigung, die jedem Menschen mitgegeben ist. Manche Eltern erahnen sehr frühzeitig, daß ihrem Kind auf dem Gebiet der Musik besondere Fähigkeiten zu eigen sind. Natürlich suchen sie nach Wegen, dieses Talent zu fördern, sie suchen nach einem Instrument.

Ein frühes, weil sehr variables Instrument könnte ein Alt-Glockenspiel sein. Das Kind lernt so spielerisch, Melodien zu erfinden, indem es auf den Metallplättchen des Glockenspiels fantasiert und erfindet. Das Glockenspiel schult außerdem die Bewegungsfähigkeit der Hand. Sein angenehmer Klang macht auch ein Üben nicht zur Qual – und vor allem: Es ist praktisch nicht kaputtzukriegen!

Selbst später, wenn das Kind schon ein paar Jahre zur Schule geht, kann das Glockenspiel immer noch dazu dienen, eine zweite Stimme darauf zu spielen. Das Alt-Xylophon, das im Gegensatz zum Glockenspiel mit Plättchen aus Holz belegt ist, kann eine ähnliche Funktion erfüllen. Und schließlich macht es auch Erwachsenen Spaß, auf diesen einfachen Instrumenten aus dem Orff-Schulwerk zu musizieren.

27

Kinder musikalisch fördern

Wer darüber hinaus dem Kind ein Instrument anbieten will, greift gerne zur Sopran-Blockflöte. Ab ca. vier Jahren kann ein Kind diese Flöte anfanghaft spielen. Wenn Sie eine erste Sopran-Blockflöte kaufen, müssen Sie nicht das teuerste Exemplar nehmen. Eine einfache Ausführung tut es auch. Achten Sie aber darauf, daß die Finger des Kindes so lang sind, daß jeder Finger (zumindest der linken Hand, einschließlich des linken Daumens) die Fingerlöcher ganz umschließen kann. Jeder Flötenton kommt erst dann richtig, wenn die entsprechenden Flötenlöcher geschlossen sind.

Hier lassen sich die einzelnen Töne und der entsprechende Flötengriff für die linke Hand ablesen:

Das sind die Flötengriffe der rechten und linken Hand zusammen:

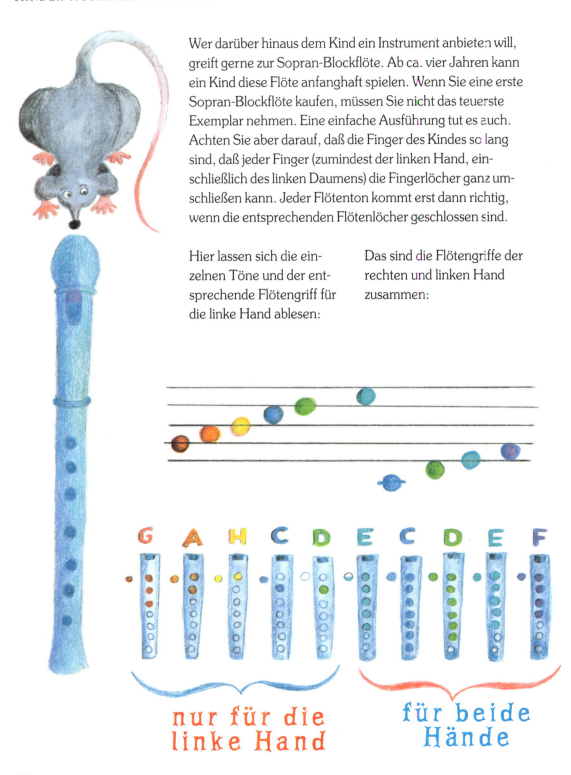

nur für die linke Hand

für beide Hände

NOTEN LESEN LEICHT GEMACHT

Sie können Ihrem Kind den Einstieg in das Flötenspiel und damit in die Notenschrift erleichtern, wenn Sie einer bestimmten Note eine Farbe zuordnen: Die rote Note heißt g, die orange Note a, die gelbe h, die blaue c und die grüne d. Das folgende einfache Lied ist in solchen bunten Noten geschrieben. Das Kind benutzt nur die rechte Hand.

Das Flötenspiel erfordert eine gleichmäßige, ausdauernde Atemspannung. Hilfreich dazu sind die Übungen auf Seite 20.

Ist ein Mann in' Brunnen g'falln

Wenn Sie Ihr Kind gerne verstärkt an einem Instrument fördern wollen, wenden Sie sich an die örtliche Musikschule. Dort kann man Ihnen weiterhelfen, wo erste Musikkurse angeboten werden und zu welchen Bedingungen. Vergessen Sie nicht, auch bei Nachbarn und Freunden herumzuhören, vielleicht gibt es auch eine gute private Musiklehrerin!

KINDER MUSIKALISCH FÖRDERN

Musik bereichert die kindliche Entwicklung

Lieder fördern das soziale Miteinander

Musik eröffnet neue Räume, mit der Umwelt in Kontakt zu treten. Gerade im sozialen Lernen spielt das gemeinsame Musikmachen und Singen eine wichtige Rolle: Sich zurücknehmen, auf die anderen hören, sich einordnen im Dienste der Gemeinschaft kann dabei – wie bei folgendem Beispiellied – spielerisch und mit Spaß gelernt werden.

Dornröschen

1. Dorn-rös-chen war ein schö-nes Kind, schö-nes Kind, schö-nes

Kind. Dorn-rös-chen war ein schö-nes Kind, schö-nes Kind.

2. Dornröschen, nimm dich ja in acht!
3. Da kam die böse Fee herein.
4. „Dornröschen, schlafe hundert Jahr'!"
5. Da wuchs die Hecke riesengroß.
6. Da kam ein junger Königssohn.
7. „Dornröschen, wache wieder auf!"
8. Da feiern sie ein großes Fest.

🎵 So spielen Sie das Lied mit einer Kindergruppe:
Die Kinder bilden einen Kreis und gehen während der Strophen im Kreis herum. Dornröschen steht in der Kreismitte. Die gute Fee und die böse Fee sind im Kreis dabei. Sie treten, wenn sie ihre Strophe singen, aus dem Kreis her-

MUSIK – EIN FELD VIELFÄLTIGER MÖGLICHKEITEN

aus, die gute Fee bei der zweiten, die böse Fee bei der dritten Stophe. Auch der Prinz kann im Kreis mitgehen. In der fünften Strophe geht er allerdings nach außen, damit er in der sechsten Strophe durch die „Hecke" – den geschlossenen Kreis aus erhobenen Armen – kommen und in der siebten Strophe Dornröschen erlösen kann. Die letzte Strophe gehört dem Hochzeitstanz von Dornröschen und dem Prinzen. Die umstehenden Kinder klatschen dazu.

Musik als wichtiges Erfahrungs- und Ausdrucksmittel

Lied und Musik sind längst nicht mehr nur für „besondere" Kinder von Wichtigkeit. Inzwischen werden sie als ein Feld vielfältiger Möglichkeiten erachtet, das die gesamte Persönlichkeit des Kindes – vom Säugling über das Grundschulkind bis zum jugendlichen und erwachsenen Menschen – beeinflußt und fördert.

- **Die Umwelt, der die Neugier und Lernlust des Kindes gelten, weckt mit ihren Höranreizen Chancen zum Beobachten, Fragen, Experimentieren, Versuchen und Wiederholen.**
- **Aufgrund von Hörerlebnissen lernt das Kind, seine Mitwelt besser zu unterscheiden.**
- **Rhythmisches Sprechen und Singen üben einen guten Einfluß auf die Atmung, die richtige Betonung und die saubere Lautbildung aus.**
- **Die Fähigkeit des Kindes, sich etwas zu merken und es wiederzugeben, wird mit Hilfe von Liedern positiv beeinflußt.**
- **Musik fördert Aufmerksamkeit und Konzentration.**
- **Rhythmisch-musikalische Bewegungsformen schulen die Grob- und Feinmotorik des Kindes, d. h., Kinder lernen, mit ihrem Körper, ihren Händen und Füßen besser zurechtzukommen.**
- **Musik erzeugt Atmosphäre, unterstützt Stimmungen, bietet Möglichkeiten, Gefühle wie Freude, Trauer, Liebe auszudrücken.**
- **Musik kann aber auch das Ventil für Aggressionen sein, die im Lied oder im Rhythmus aufgefangen, gelenkt und ausgelebt werden können.**

Von früh bis spät

34 Am Morgen

39 Am Abend und zum Einschlafen

VON FRÜH BIS SPÄT

1   Guten Morgen

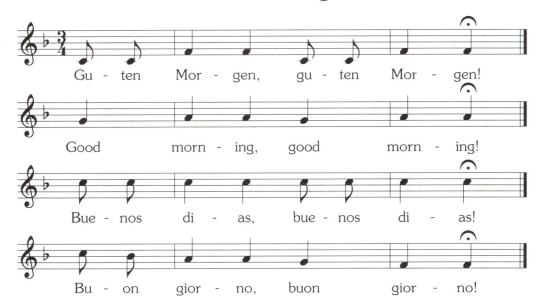

Gu - ten Mor - gen, gu - ten Mor - gen!

Good morn - ing, good morn - ing!

Bue - nos di - as, bue - nos di - as!

Bu - on gior - no, buon gior - no!

Text und Melodie: nach volkstümlichen Elementen von Peter Fuchs und Willi Gundbach, © Klett

AM MORGEN

Bruder Jakob

2

Bru - der Ja - kob, schläfst du noch?
Hörst du nicht die Glo - cken? Ding, dang, dong!

Meister Jakob, Meister Jakob,
schläfst du noch, schläfst du noch?
Hörst du nicht die Glocken,
hörst du nicht die Glocken?
Ding, dang, dong, ding, dang, dong.

Englisch
Are you sleeping? Are you sleeping?
Brother John, brother John.
Morning bells are ringing,
morning bells are ringing,
ding, dang, dong, ding, dang, dong.

Französisch
Frère Jacques, frère Jacques,
dormez vous, dormez vous,
sonnet les matines, sonnet les matines,
ding, dang, dong, ding, dang, dong.

Ungarisch
Teschtwer Jakob, teschtwer Jakob,
alsol meg, alsol meg?
Hallod a Harangot, hallod a Harangot,
ding, dang, dong, ding, dang, dong.

Das Glockenklingen „Ding, dang, dong" in der letzten Liedzeile läßt sich gut mit dem Körper darstellen. Der Oberkörper und die Arme schwingen dabei im Rhythmus des Glockenschlages kräftig nach rechts und links. Wenn das Fenster dabei geöffnet ist, gibt das wirklich frischen Schwung.

Freies Volksgut

VON FRÜH BIS SPÄT

3 Jetzt steigt Hampelmann

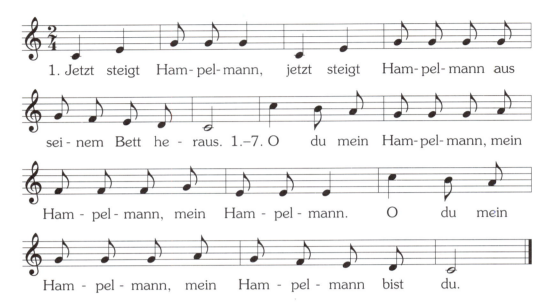

1. Jetzt steigt Hampelmann, jetzt steigt Hampelmann aus seinem Bett heraus. 1.–7. O du mein Hampelmann, mein Hampelmann, mein Hampelmann. O du mein Hampelmann, mein Hampelmann bist du.

Dieses Lied eignet sich gut zum wortlosen Mitspielen. Dazu wird der Text des Liedes in pantomimisches Tun (Bewegungen ohne Worte) übersetzt: Der Hampelmann steigt aus dem Bett heraus, er zieht sich seine Strümpfe an, er zieht sich seine Hose an usw. Kennt das Kind die Textabfolge schon gut, kann es die nächste Strophe pantomimisch vorspielen, dann wird sie erst gesungen.

2. Jetzt zieht Hampelmann sich seine Strümpfe an.

3. Jetzt zieht Hampelmann sich seine Hose an.

4. Jetzt zieht Hampelmann sich seine Jacke an.

5. Jetzt setzt Hampelmann sich seine Kappe auf.

6. Jetzt geht Hampelmann mit seiner Frau spazieren.

7. Jetzt tanzt Hampelmann mit seiner lieben Frau.

*Text und Melodie:
aus Holstein*

AM MORGEN

VON FRÜH BIS SPÄT

4 Ich ziehe meine Hose an

1. Ich zie-he mei-ne Ho-se an, ich zie-he mei-ne Ho-se an, schaut her, schaut her, was ich schon al-les ma-chen kann.

Die Strophen können zunächst einzeln gesungen werden. Dabei wird die jeweilige Aussage pantomimisch dargestellt. Genausogut kann aber auch die erste Zeile der ersten Strophe um die erste Zeile der zweiten, dritten, vierten, fünften und sechsten Strophe erweitert werden. So entstehen immer längere pantomimische Abfolgen und Liedstrophen.

2. Ich ziehe den Pullover an ...

3. Ich ziehe meine Strümpfe an ...

4. Ich ziehe meine Schuhe an ...

5. Ich ziehe meinen Mantel an ...

6. Nun kommt zum Schluß die Mütze dran ...

Text: Rolf Krenzer
Melodie: Inge Lotz
aus: Krenzer/Lotz:
Wir sind die Musikanten.
© Verlag Ernst Kaufmann,
Lahr; Kösel-Verlag, München

AM ABEND

Kehraus

5

Al - le Leut', al - le Leut' gehn jetzt nach Haus',
gehn in ihr Käm - mer - lein, las - sen fünf gra - de sein.
Al - le Leut', al - le Leut' gehn jetzt nach Haus'.

Aus Kärnten
Text: Fritz Jöde

VON FRÜH BIS SPÄT

6 Wenn der Mond am Himmel steht

Wenn der Mond am Him - mel steht, heißt es dann: Für
und die Son - ne schla - fen geht,

heut' ist Schluß! Gu - te Nacht mit ei - nem Kuß.

*Text und Melodie:
Gertrud Weidinger*

ZUM EINSCHLAFEN

Wiegenlied

7

1. Stil - le, stil - le, kein Ge - räusch ge - macht!
Da - rum seid nur al - le still, weil mein Kind - lein schla - fen will.
Stil - le, stil - le, kein Ge - räusch ge - macht!

2. Fliege, Fliege, sumse nicht so laut!
   Wenn es dich so sumsen hört,
   wird mein Kind im Schlaf gestört.
   Fliege, Fliege, sumse nicht so laut!

3. Wehe nimmer, lieber, lieber Wind!
   Hört es rauschen dich im Baum,
   träumt mein Kindlein bösen Traum.
   Wehe nimmer, lieber, lieber Wind.

4. Leise, leise, seid nun alle stumm!
   Bleibet mäuschenstill und sacht,
   bis mein liebes Kind erwacht!
   Leise, leise, seid nun alle stumm!

Die vier Strophen des Liedes können mit Lauten noch etwas ausgestaltet werden: Mit leisem „Pst..." wird die erste Strophe vorgestellt, die zweite Strophe beginnt mit dem melodischen Summen einer Fliege: „Sssss..." „Huiii..." kennzeichnet den Wind für die dritte Strophe, und in der vierten Strophe ertönt noch mal das „Pst..." der ersten Strophe. Diese Laute müssen aber ganz leise und sanft hörbar werden, damit das Kind ruhig wird.

Volkslied aus Thüringen
Zweite bis vierte Strophe
von Ludwig Schuster

VON FRÜH BIS SPÄT

8 Weißt du, wieviel Sternlein stehen

1. Weißt du, wieviel Sternlein stehen an dem blauen Himmelszelt?
Weißt du, wieviel Wolken gehen weithin über alle Welt?
Gott der Herr hat sie gezählet, daß ihm auch nicht eines fehlet an der ganzen großen Zahl, an der ganzen großen Zahl.

2. Weißt du, wieviel Mücklein spielen
in der heißen Sonnenglut,
wieviel Fischlein auch sich kühlen
in der hellen Wasserflut?
Gott der Herr rief sie mit Namen,
daß sie all ins Leben kamen,
daß sie nun so fröhlich sind.

3. Weißt du, wieviel Kindlein frühe
stehn aus ihren Bettlein auf,
daß sie ohne Sorg' und Mühe
fröhlich sind im Tageslauf?
Gott im Himmel hat an allen
seine Lust, sein Wohlgefallen,
kennt auch dich und hat dich lieb.

Text: Wilhelm Hey
Volksweise

VON FRÜH BIS SPÄT

9 Schlaf, Kindlein, schlaf

1. Schlaf, Kindlein, schlaf! Der Vater hüt' die Schaf', die Mutter schüttelt 's Bäumelein, da fällt herab ein Träumelein. Schlaf, Kindlein, schlaf!

2. Schlaf, Kindlein, schlaf!
   Am Himmel ziehn die Schaf!
   die Sternlein sind die Lämmerlein,
   der Mond, der ist das Schäferlein.
   Schlaf, Kindlein, schlaf!

3. Schlaf, Kindlein, schlaf!
   So schenk' ich dir ein Schaf
   mit einer goldnen Schelle fein,
   das soll dein Spielgeselle sein.
   Schlaf, Kindlein, schlaf!

Melodie: Johann Friedrich Reichardt (nach einer Volksweise)

ZUM EINSCHLAFEN

Kindlein mein

10

1. Kind-lein mein, schlaf doch ein, weil die Stern-lein kom-men,
   und der Mond kommt auch schon wie-der an-ge-schwom-men.
   Ei-a, Wieg-lein, Wieg-lein mein, schlaf nur, Kind-lein, schlaf nur ein!

2. Kindlein mein, schlaf doch ein,
   will im Lied dir singen,
   Äpfel, Nüss, Birnlein süß
   will ich dir dann bringen.

3. Kindlein mein, schlaf doch ein,
   Vöglein fliegt vom Baume,
   fliegt geschwind zu mei'm Kind,
   singt ihm vor im Traume.

Volkslied aus Mähren
Text: Joseph Peslmüller

VON FRÜH BIS SPÄT

11 Wer hat die schönsten Schäfchen?

1. Wer hat die schönsten Schäfchen? Die hat der goldne Mond, der hinter jenen Bäumen am Himmel droben wohnt.

2. Er kommt am späten Abend,
   wenn alles schlafen will,
   hervor aus seinem Hause
   am Himmel leis und still.

3. Dann weidet er die Schäfchen
   auf seiner blauen Flur;
   denn all die weißen Sterne
   sind seine Schäfchen nur.

Text: Heinrich Hoffmann von Fallersleben
Melodie: Johann Friedrich Reichardt

ZUM EINSCHLAFEN

Nun schlaf, mein liebes Kindelein 12

Nun schlaf, mein lie - bes Kin - de - lein, und tu die Äug - lein zu, denn Gott, der will dein Va - ter sein, drum schlaf in gu - ter Ruh', drum schlaf in gu - ter Ruh'.

Aus dem 16. Jahrhundert

VON FRÜH BIS SPÄT

13 Der Mond ist aufgegangen

1. Der Mond ist aufgegangen, die goldnen Sternlein prangen am Himmel hell und klar;
der Wald steht schwarz und schweiget, und aus den Wiesen steiget der weiße Nebel wunderbar.

2. Wie ist die Welt so stille und in der Dämmrung Hülle
so traulich und so hold!
Als eine stille Kammer, wo ihr des Tages Jammer
verschlafen und vergessen sollt.

3. Seht ihr den Mond dort stehen? Er ist nur halb zu sehen,
und ist doch rund und schön!
So sind wohl manche Sachen, die wir getrost belachen,
weil unsre Augen sie nicht sehn.

4. So legt euch denn, ihr Brüder, in Gottes Namen nieder;
kalt ist der Abendhauch.
Verschon uns, Gott, mit Strafen, und laß uns ruhig
schlafen!
Und unsern kranken Nachbar auch!

Text: Matthias Claudius
Melodie: Johann Abraham
Peter Schulz

Für Kinder sind Reime wichtig. In diesem Lied sind sie besonders einprägsam: „aufgegangen" – „prangen", „schweiget" – „steiget", „stille" – „Hülle", „Kammer" – „Jammer", „stehen" – „sehen", „Sachen" – „(be)-lachen", „Brüder" – „nieder", „Strafen" – „schlafen". Über solche Reime merken sich die Kinder den Liedtext. Deshalb ist es günstig, die Reimwörter einfach mitsingen zu lassen oder sie schließlich ganz auszulassen, damit das Kind sie selbst ergänzen kann.

VON FRÜH BIS SPÄT

14 Die Blümelein, sie schlafen

1. Die Blü-me-lein, sie schla-fen schon längst im Mon-den-schein, sie nik-ken mit den Köp-fen auf ih-ren Sten-ge-lein. Es rüt-telt sich der Blü-ten-baum, er säu-selt wie im Traum. Schla-fe, schlaf du, mein Kind-lein, schla-fe ein!

Während des Singens lassen sich die Strophen des Liedes gut pantomimisch darstellen. Die schlafenden Blümchen, die ruhenden Vögelein und das schleichende Sandmännchen geben genug Hinweise zum gleichzeitigen verhaltenen Spielen und Singen.

2. Die Vögelein, sie sangen
so süß im Sonnenschein,
sie sind zur Ruh' gegangen
in ihre Nestchen klein.
Das Heimchen in dem Ährengrund,
es tut allein sich kund.
Schlafe …

3. Sandmännchen kommt geschlichen
und guckt durchs Fensterlein,
ob irgend noch ein Liebchen
nicht mag zu Bette sein.
Und wo er nur ein Kindchen fand,
streut er ins Aug' ihm Sand.
Schlafe …

*Text und Melodie:
volkstümlich*

ZUM EINSCHLAFEN

Guten Abend, gut' Nacht 15

1. Gu-ten A-bend, gut' Nacht! Mit Ro-sen be-dacht, mit Näg-lein be-steckt, schlüpf un-ter die Deck'! Mor-gen früh, wenn Gott will, wirst du wie-der ge-weckt, wie-der ge-weckt.

2. Guten Abend, gut' Nacht!
   Von Englein bewacht,
   die zeigen im Traum
   dir Christkindleins Baum.
   Schlaf nur selig und süß,
   schau in Traums Paradies.

Dieses sehr bekannte, aber musikalisch sehr anspruchsvolle Abendlied ist für Kinder nur schwer singbar. Es sollte also von den Eltern vorgesungen oder mit Hilfe einer Kassette dem Kind nahegebracht werden.

Text: erste Strophe Volkslied,
zweite Strophe
von G. Scherer
Melodie: Johannes Brahms

51

In die weite Welt hinein

54 Spiel und Spaß

80 Bei der Arbeit

90 Unterwegs

98 In der Natur

114 Fremde Länder, Menschen, Tiere

IN DIE WEITE WELT HINEIN

16 Macht auf das Tor

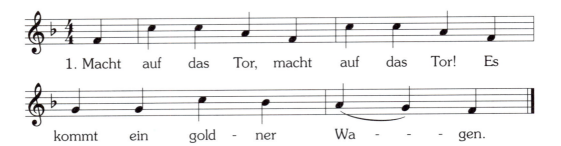

1. Macht auf das Tor, macht auf das Tor! Es kommt ein gold-ner Wa - - gen.

Dieses Tanzlied ist bereits für Dreijährige geeignet: Zwei Kinder stehen einander gegenüber und schauen sich an. Sie fassen sich an den Händen, heben sie hoch und bilden so ein Tor. Nun gehen die anderen Kinder (ebenfalls zu zweit) durch dieses Tor und bilden dann selbst ein Tor. Das Tanzlied erzählt von einer Prinzessin und einem Mann mit goldenen Haaren, also wahrscheinlich einem Prinzen. Weil das Lied so kurz ist, läßt es sich gut mit der folgenden Geschichte von der Prinzessin und dem Prinzen verquicken.

2. Wer sitzt darin, wer sitzt darin?
   Ein Mann mit goldnen Haaren.

3. Was will er denn, was will er denn?
   Er will die Prinzessin haben.

4. Was hat sie denn, was hat sie denn?
   Sie hat sein Herz gewonnen.

Tanzlied

SPIEL UND SPASS

Die Prinzessin von Habmichgern

Es war einmal eine sehr hübsche Prinzessin. Sie wollte bald heiraten. Aber sie hatte noch keinen Prinzen gefunden. So wurde sie immer trauriger. Eines Tages kam ihr Diener und hatte eine Idee: „Liebe Prinzessin, hier in Habmichgern gibt es keinen Prinzen für dich. Aber ich habe gehört, daß es in Kommgleich einen Prinzen gibt, der eine Frau sucht. Ich werde nach Kommgleich reiten und den Prinzen fragen, ob er dich heiraten will!"
Die Prinzessin freute sich darüber. Doch sie überlegte auch, ob der Prinz überhaupt komme, wenn er sie doch noch gar nicht gesehen habe. Da hatte die Prinzessin eine Idee: „Laßt mir den Hofmaler kommen. Er soll mich malen. Mit diesem Bild wird dann mein Diener nach Kommgleich reiten!" Und so geschah es.

Der Diener ritt los, zeigte dem Prinzen das Gemälde. Beim Anblick des Bildes verliebte sich der Prinz sogleich in die Prinzessin und machte sich in einem goldenen Wagen auf nach Habmichgern.

Nun wird das Lied „Macht auf das Tor" gespielt. Zum Abschluß kommt natürlich das Ende der Geschichte:

Die Prinzessin und der Prinz feierten bald eine schöne Hochzeit. Und wenn sie nicht gestorben sind, dann leben sie heute noch.

In die weite Welt hinein

17 Liebe Schwester, tanz mit mir

1. Lie-be Schwe-ster, tanz mit mir! Bei-de Hän-de reich' ich dir.
Ein-mal hin, ein-mal her, rund-he-rum, das ist nicht schwer.

2. Ei, das hast du gut gemacht,
   ei, das hätt' ich nicht gedacht.

3. Noch einmal das schöne Spiel,
   weil es mir so gut gefiel.

Spiellied

Für dieses Tanzlied stellen sich zwei Kinder gegenüber auf und schauen sich an. In den ersten vier Takten des Liedes winken die beiden einander zu. Dann fassen sie sich an den Händen und gehen miteinander zwei Schritte nach rechts (Nachstellschritte): „... einmal hin" und zwei Nachstellschritte nach links: „... einmal her". Schließlich beenden sie ihren Tanz, indem sie als Paar rundtanzen: „... rundherum, das ist nicht schwer."

IN DIE WEITE WELT HINEIN

18 Wollt ihr wissen?

1. Wollt ihr wis-sen, wollt ihr wis-sen, wie's die klei-nen Mäd-chen ma-chen? Püpp-chen wie-gen, Püpp-chen wie-gen, al-les dreht sich he-rum.

2. Wollt ihr wissen, wie's die kleinen Buben machen?
   Peitsche knallen ...

3. Wollt ihr wissen, wie's die großen Mädchen machen?
   Knickse machen ...

4. Wollt ihr wissen, wie's die großen Buben machen?
   Diener machen ...

5. Wollt ihr wissen, wie's die jungen Damen machen?
   Löckchen drehen ...

6. Wollt ihr wissen, wie's die jungen Herren machen?
   Schurrbart drehen ...

7. Wollt ihr wissen, wie's die alten Damen machen?
   Kaffee trinken ...

8. Wollt ihr wissen, wie's die alten Herren machen?
   Pfeifchen rauchen ...

Volkstümlich

SPIEL UND SPASS

Was tun denn die Mädchen und Buben, die Damen und Herren den ganzen Tag? Diese Fragen finden in diesem Spiellied mögliche Antworten. Die Tätigkeiten können von Kindern gut dargestellt werden: Püppchen wiegen, Peitsche knallen, Knickse machen, Diener machen, Löckchen drehen ...
Man kann auch die Strophen erweitern durch das, was Kinder heute machen: Auto spielen, Pferdchen reiten, Flöte blasen, Fußball spielen ...
Wird das Lied mit mehreren Kindern zusammen getanzt, bilden die Kinder zur Frage des Liedes einen Kreis und gehen dabei. Bei der Antwort bleiben sie stehen und ahmen die Tätigkeit nach. Schließlich klatschen sie und drehen sich beim Text: „... alles dreht sich herum."

IN DIE WEITE WELT HINEIN

19   Ich bin ein kleiner Tanzbär

Ich bin ein klei-ner Tanz-bär und kom-me aus dem Wald.
Ich such' mir mei-ne Freun-de, die kom-men schon bald.

Ei, wir tan-zen gar so fein, vom ei-nen auf das an-dre Bein.

Das Lied eignet sich gut zum Darstellen und Nachspielen: Der Tanzbär trappt aus dem Wald (aus der Küche ...) und sucht einen Freund. Hat er ihn gefunden, haken die beiden unter und tanzen rundherum. Sind mehrere Kinder da, kann aus diesem Lied ein Kreisspiel entstehen: Ein Kind geht im Kreis als Tanzbär. Bei „Ei, wir tanzen ..." wählt sich der Tanzbär ein Kind aus dem Kreis und beginnt mit ihm zu tanzen. Damit sind schon zwei Tanzbären unterwegs. Nun wird das Lied nochmals gesungen. Die beiden Tanzbären gehen herum und suchen sich einen Freund. Das Kreisspiel geht so lange, bis alle Kinder Tanzbären sind und zu zweit herumtanzen.

Mündlich überliefert

SPIEL UND SPASS

Taler, Taler, du mußt wandern 20

Ta - ler, Ta - ler, du mußt wan - dern von dem
ei - nen zu dem an - dern, das ist herr - lich, das ist
schön, Ta - ler, laß dich nur nicht sehn!

Dieses Lied macht großen Spaß, wenn mehrere Kinder zusammen sind. Alle setzen sich eng in einem Kreis zusammen, die Hände auf dem Rücken. Ein Knopf wandert als Taler unsichtbar durch die Kinderhände. Er wird – möglichst unbemerkt – immer weitergegeben. Ein Kind steht währenddessen in der Kreismitte und versucht herauszufinden, wo sich der Taler gerade befindet. Das Kind, bei dem der Taler bemerkt wurde, muß nun als Talersucher in die Mitte kommen.

Altes Spiellied

IN DIE WEITE WELT HINEIN

21 Häslein in der Grube

1. Häslein in der Grube sitzt und schläft.
Armes Häslein, bist du krank, daß du nicht mehr hüpfen kannst?
Häslein, hüpf! Häslein, hüpf! Häslein, hüpf!

Mit dem Lied ist ein altes Kreisspiel verbunden: Ein Häslein sitzt in der Mitte, die Hände vor den Augen, die Mitspieler gehen im Kreis um das Häschen herum und singen dabei. Bei den Worten „Häslein, hüpf" öffnet das Häschen die Augen und hüpft auf einen Mitspieler zu. Der spielt bei der nächsten Strophe das Häslein.

2. Häslein, vor dem Hunde hüte dich!
Hat gar einen scharfen Zahn,
packt damit mein Häslein an.
Häslein, lauf!

Altes Spiellied

SPIEL UND SPASS

Der Butzemann 22

1. Es tanzt ein Bi - Ba - Butze-mann in un-serm Haus he-rum, bi-de-bum, es tanzt ein Bi - Ba - Butze-mann in un-serm Haus he-rum. Er rüt-telt sich, er schüt-telt sich, er wirft sein Säck-lein hin-ter sich. Es tanzt ein Bi - Ba - Butze-mann in un-serm Haus he-rum.

2. Es tanzt ...
   Er wirft sein Säcklein her und hin,
   was ist wohl in dem Säcklein drin?

Der Bi-Ba-Butzemann möchte sicher gerne dieses Lied spielen und tanzen. Er wird herumtanzen und sich rütteln und schütteln und sein Säcklein hinter sich werfen, wie es das Lied ja auch erzählt.
Aber vielleicht mag der Butzemann zusätzlich noch mit einem Glockenband oder Schellenband den Rhythmus des Liedes mitspielen? In jedem Musikgeschäft gibt es Glocken- oder Schellenbänder. Sie werden an das Handgelenk oder den Knöchel des Kindes gebunden. Nun ertönen bei jeder Hand- oder Fußbewegung die Schellen. Das unterstützt die Tanzbewegung.

Altes Kinderlied aus Mitteldeutschland

IN DIE WEITE WELT HINEIN

23 Hänschen klein

1. Häns-chen klein ging al-lein in die wei-te Welt hi-nein,
Stock und Hut steht ihm gut, ist ganz wohl-ge-mut.
A-ber Mut-ter wei-net sehr, hat ja nun kein Häns-chen mehr.
„Wünsch' dir Glück", sagt ihr Blick, „kehr nur bald zu-rück!"

2. Sieben Jahr, trüb und klar, Hänschen in der Fremde war;
da besinnt sich das Kind, eilet heim geschwind.
Doch nun ist's kein Hänschen mehr, nein, ein großer Hans ist er,
Stirn und Hand braun gebrannt, wird er wohl erkannt?

3. Eins, zwei, drei gehn vorbei, wissen nicht, wer das wohl sei.
Schwester spricht: „Welch Gesicht", kennt den Bruder nicht.
Kommt daher die Mutter sein; schaut ihm kaum ins Aug' hinein,
ruft sie schon: „Hans, mein Sohn! Grüß dich Gott, mein Sohn!"

Volkslied

Um dieses Lied auszugestalten, stellen Sie eine Verkleidungskiste zur Verfügung, in der sich alte Hüte, Hosen, Jacken, Vorhänge, Handschuhe, Schuhe usw. befinden. Natürlich darf auch der Wanderstock nicht fehlen. Nun kann sich das Kind bedienen. Es verkleidet sich als „Hänschen klein", so wie es sich das vorstellt, und beginnt das Lied zu singen und zu spielen. Auch Sie spielen mit, denn Sie müssen ja in der ersten Strophe weinen und in der dritten Strophe das Hänschen in die Arme schließen. Während die zweite Strophe gesungen wird, verkleidet sich das Kind erneut. Nun ist aus dem „Hänschen" ein „Hans" geworden!

Besprechen Sie vorher mit dem Kind den Liedtext und die Verkleidungen, dann ist die Abendaufführung, wenn Papa nach Hause kommt, gesichert.

IN DIE WEITE WELT HINEIN

24 Suse, liebe Suse

1. Su-se, lie-be Su-se, was ra-schelt im Stroh? Die Gäns-lein ge-hen bar-fuß und ha-ben kein' Schuh'. Der Schu-ster hat's Le-der, kein Lei-sten da-zu, drum gehn die lie-ben Gäns-lein und ha-ben kein' Schuh'.

2. Suse, liebe Suse, das ist eine Not!
   Wer schenkt mir einen Dreier zu Zucker und Brot?
   Verkauf' ich mein Bettlein und leg' mich aufs Stroh,
   dann sticht mich kein' Feder und beißt mich kein Floh!

Kindern macht es Spaß, mit verschiedenen Dingen zu rascheln. Das hört sich je nach Material ganz unterschiedlich an. Im Lied soll Suse herausfinden, was im Stroh raschelt. Jetzt müssen alle Anwesenden herausfinden, womit gerade geraschelt wird. Das bedeutet natürlich, daß alle die Augen schließen oder daß verschiedenes Raschelmaterial unterm Tisch liegt und dort auch gespielt wird. Als Vorübung wird nach Dingen gesucht, die rascheln können: Zeitungspapier, Plastiktüten, Stoffe, Blätter. Das Raschelmaterial soll zunächst sichtbar ausprobiert werden und später im Lied allein am Geräusch wiedererkannt werden.

Aus Norddeutschland

SPIEL UND SPASS

Kommt a Vogerl geflogen 25

Kommt a Vo - gerl ge - flo - gen, setzt sich nie - der auf mein

Fuß, hat a Zet - terl im Schna - bel, von der Mut - ter an Gruß.

Tänzchen

Zeitschriften und Werbeprospekte sind voll von Bildern. Das Kind schneidet Bilder aus, die es gerne der Mutter oder dem Vater zeigen will. Es überlegt sich zum Bild eine kleine Geschichte und spielt dann den Vogel, der die Geschichte der Mutter bringt.

Aus Österreich

IN DIE WEITE WELT HINEIN

26 Gemüseball

1. Gestern abend auf dem Ball tanzte Herr von Zwiebel mit der Frau von Petersil, ach, das war nicht übel.

**Dieses Lied ist im Tangorhythmus gehalten. Das fordert zum Tanzen auf. Kinder haben den Rhythmus sehr schnell in den Beinen und beginnen sich entsprechend zu bewegen.
Ganz lustig wird der Gemüsetango, wenn er in entsprechender Verkleidung getanzt wird. Also muß die Verkleidungskiste wieder her!**

2. Die Prinzessin Sellerie tanzte fein und schicklich
   mit dem Prinzen Rosenkohl, ach, was war sie glücklich!

3. Der Baron von Kopfsalat tanzte leicht und herzlich
   mit der Frau von Sauerkraut, doch die blickte schmerzlich.

4. Ritter Kürbis, groß und schwer, trat oft auf die Zehen.
   Doch die Gräfin Paprika ließ ihn einfach stehen.

5. Oben tanzt im Tangoschritt vornehm das Gemüse,
   unten schwingen die Kartoffeln fröhlich ihre Füße.

Text entnommen aus: Lisa Wittmann: Bärenstarkes Liederkarussell, © 1987 Coppenrath Verlag, Münster

Lustige Gemüsekostüme

- Kartoffelsäcke
- Bunte Tücher (grün, weiß, orange)
- Kissen
- Schnüre
- Gürtel
- Alte Hüte
- Grüne Wollfäden
- Grünes und weißes Papier

Die Kartoffelsäcke sind für den Herrn von Zwiebel, die Prinzessin Sellerie und für die Kartoffeln; die grünen Tücher zum Umhängen für die Frau von Petersil, den Prinzen Rosenkohl, den Baron von Kopfsalat und die Gräfin Paprika. Die blasse Frau von Sauerkraut bekommt einen weißen Umhang, und der farbenprächtige Ritter Kürbis wird in einen orangeroten Umhang gehüllt. Mit den Kissen wird das Gemüse entsprechend gepolstert. Sie werden mit Schnüren oder Gürteln am Körper befestigt. Frau von Petersil, Prinz Rosenkohl und Frau von Sauerkraut werden nicht gepolstert, das sind ja „schlanke" Gemüse! Für den entsprechenden Kopfschmuck genügen meist alte Hüte in der richtigen Farbe. Sie werden mit geflochtenen und geformten grünen Wollfäden (Petersil), weißen Papierstreifen (Sauerkraut), grünen Papierknäueln (Rosenkohl) oder grünem Tonpapier, das in Salatblattform geschnitten wurde, verziert. Es ist ratsam, diese Utensilien am Hut anzunähen.

So läßt sich – je nach Zeit – eine ganze Gemüsewerkstatt oder auch eine herrliche, ungewöhnliche Faschingsverkleidung zaubern.

IN DIE WEITE WELT HINEIN

27 Ein Schneider fing 'ne Maus.

1. Ein Schnei-der fing 'ne Maus, ein Schnei-der fing 'ne Maus, ein Schnei-der fing 'ne Mi - ma - mau - se - maus.

2. Was macht er mit der Maus?

3. Er zog ihr ab das Fell.

4. Was macht er mit dem Fell?

5. Er näht sich eine Tasch'.

6. Was macht er mit der Tasch'?

7. Er steckt darein sein Geld.

8. Was macht er mit dem Geld?

9. Er kauft sich einen Bock.

10. Was macht er mit dem Bock?

11. Er reitet im Galopp.

12. Was macht er im Galopp?

13. Er fiel dabei in'n Dreck.

Ein Lied zum Weiterfantasieren! Nachdem der Schneider in der letzten Strophe in den Dreck fiel, ist die Geschichte noch lange nicht zu Ende. Im Gegenteil: Den eigenen Fantasierkünsten ist Tür und Tor geöffnet! Man muß sich nur an die Strophenabfolge halten. In einer Strophe wird erzählt, was passiert, in der nächsten wird gefragt, was er dann macht.
Z. B.:
„Was macht er in dem Dreck ...?"
„Er sucht sich einen Wurm ..."
„Was macht er mit dem Wurm ...?"
„Er nimmt ihn mit nach Haus' ..."
„Was macht er dann zu Haus' ...?" usw.

Volkstümlich

IN DIE WEITE WELT HINEIN

28 Immer rechtsherum

2. Immer rechtsherum,
   immer rechtsherum.
   Die Katze tritt die Treppe krumm.
   Immer rechtsherum,
   immer rechtsherum,
   radibi, radibo, radibum, bum, bum.

   KROKODIL!
   Jetzt stehen alle still!

3. Immer linksherum,
   immer linksherum.
   Im Wasser sind die Fische stumm.
   Immer linksherum,
   immer linksherum,
   radibi, radibo, radibum, bum, bum.

   ELEPHANT!
   Wie geben uns die Hand!

Text: Rolf Krenzer
Musik: Inge Lotz
aus: Krenzer/Lotz: Wir sind
die Musikanten. © Verlag
Ernst Kaufmann, Lahr;
Kösel-Verlag, München

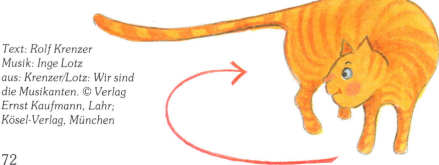

SPIEL UND SPASS

Kennen Sie Zungenbrecher? Einer ist in diesem Lied verarbeitet: „Die Katze tritt die Treppe krumm." Zungenbrecher werden oft und schnell hintereinander gesprochen. Je schneller der Text gesagt wird, um so deutlicher muß man die Sprache formen, sonst entstehen ganz undefinierbare Wort- und Textverbindungen. Aber auch das kann sehr lustig sein.

Zum Zungenbrecher gehören kleine Zungenübungen als Vorspiel:

- **Kommst du mit der Zunge bis zur Nase?**
- **Kannst du die Zunge im Kreis bewegen, rechtsherum, linksherum?**
- **Kannst du deine Zunge ganz schnell zusammenrollen und wieder aufrollen, wie eine Kröte?**

IN DIE WEITE WELT HINEIN

29 Lied vom Nilpferd und der Feder

1. Ein Fe-der-chen flog ü-ber Land, tra-la-la-la-la-la-la-la-la, ein Nil-pferd schlum-mer-te im Sand, tra-la-la-la-la-la-la-la-la.

2. Aufs Nilpferd setzte sich die Feder, tra-la-la-la-la-la-la-la-la, und
streichelte sein dickes Leder, tra-la-la-la-la-la-la-la-la.

3. Das Nilpferd öffnete den Rachen, tra-la-la-la-la-la-la-la-la, und
mußte ungeheuer lachen, tra-la-la-la-la-la-la-la-la.

**Zwei Rollen können zu diesem Lied gespielt werden: das Federchen und das Nilpferd. Dazu ist es wichtig, zunächst einmal ein Bild von einem Nilpferd anzuschauen oder im Zoo ein echtes Nilpferd zu betrachten. Wie bewegt es sich? Was frißt es? Über eine fliegende Feder kann man sich leichter kundig machen.
Zum Lied legt sich das Kind mit dem Bauch auf den Boden oder spielt mit den Fingern den Flug einer Feder nach. Während das Nilpferd auf dem Boden schlummert, kommen die Federfinger angeflogen (erste Strophe), setzen sich ganz sacht auf den Rücken des Nilpferdes und streicheln es (zweite Strophe). Zur dritten Strophe erwacht das Nilpferd, es reißt seinen Rachen auf und gähnt laut. Es räkelt sich und steht behäbig auf. Das Federchen fliegt weiter.**

aus: Der singende klingende Sachunterricht von Wolfgang Schorner mit freundlicher Genehmigung des Verlages Feuchtinger & Gleichauf, Regensburg.

SPIEL UND SPASS

Das Flummilied 30

1. Der Kopf, der ist aus Gum-mi. Er wak-kelt hin und her, als ob da-rin kein einz'-ger Kno-chen wär'. Wir sind aus

Refrain

wei-chem Gum-mi und tan-zen ei-nen Flum-mi. Das ist der neu-ste Hit. Wir sind aus wei-chem Gum-mi und tan-zen ei-nen Flum-mi. Kommt, und tanzt al-le mit.

Der Hauptteil des Liedes besteht im Tanzen: Der Flummi bewegt sich völlig „schlapprig" und unkontrolliert. Er läßt Arme und Beine schlackern, hüpft von einem Bein auf das andere und dreht sich nach Lust und Laune.

Text: Lore Kleikamp
Melodie: Detlev Jöcker
aus Buch, MC und CD: Und
weiter geht's im Sauseschritt
Alle Rechte im Menschen-
kinder Verlag, 48157 Münster

IN DIE WEITE WELT HINEIN

31 Mäuse träumen

1. Mäu-se träu-men von Kat-zen-zwer-gen, Mäu-se träu-men von But-ter-ber-gen, Mäu-se träu-men von Mau-ern aus Speck – und al-le Kat-zen sind mei-len-weit weg!

Mäuseträume lassen sich mit einer Mäusemaske hervorragend nachspielen. Kaum zieht man die Maske auf, schon ist man eine Maus. Man bewegt sich wie eine Maus, man piept, man tanzt, man träumt wie eine Maus.

2. Mäuse träumen von Erdbeertorten,
   Feigen, Datteln an allen Orten,
   träumen von einem Nußkuchenkranz –
   und jede Katz' hat ein Glöckchen am Schwanz!

3. Mäuse träumen, daß alle Katzen
   Schuhe tragen an ihren Tatzen,
   daß sie klappklappklapp kommen daher –
   weit und breit finden sie keine Maus mehr!

4. Mäuse träumen, daß alle, alle
   Katzen gehn in die Katzenfalle –
   Mausekind, Mausemann, Mausefrau
   tanzen dann lustig zum Katzenmiau!

*Text und Melodie:
Hans Baumann
aus: Hans Baumann: Die
Liederbrücke. Möseler Verlag,
Wolfenbüttel.*

Mäusemaske

- Butterbrotpapier
- Fotokarton
- Büroklammergerät
- Holzmalstifte
- Gummi

Hier ist eine Mäusemaske mit Ohren abgebildet. Die Skizze ist verkleinert – die Originalgrößen sind angegeben. Gesicht und Ohren müssen mit Hilfe eines Butterbrotpapieres auf einen weißen Fotokarton übertragen werden.

Zunächst wird das Gesicht, dann werden die Ohren auf den Karton übertragen und ausgeschnitten. Nun bekommen sie mit Holzmalstiften Farbe. Mit einem Büroklammergerät müssen die Ohren an der in der Skizze vorgezeichneten Stelle des Gesichtes befestigt werden. Ebenso wird die Nase an der Nahtstelle zugeklammert, indem man beide Teile etwas übereinanderschiebt. Mit einem dünnen Hutgummi werden die beiden Enden zusammengebunden, und schließlich ist die Maske gebrauchsfertig.

Die perfekte Maus!

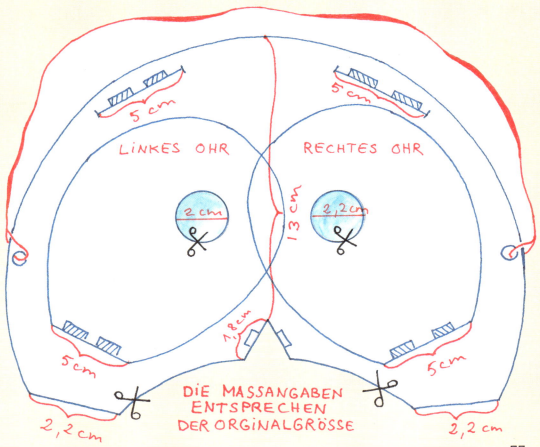

IN DIE WEITE WELT HINEIN

32   Mein Hut, der hat drei Ecken

Mein Hut, der hat drei Ek-ken, drei Ek-ken hat mein Hut, und hätt' er nicht drei Ek-ken, dann wär' er nicht mein Hut. Mein Hut, der hat drei Ek-ken, drei Ek-ken hat mein Hut, und hätt' er nicht drei Ek-ken, dann wär' er auch nicht mein Hut.

Der Liedtext kann ideal mit Gesten begleitet werden:
„Mein" – *mit dem Finger auf sich selbst zeigen,*
„Hut" – *einen Hut auf dem Kopf andeuten,*
„der hat drei" – *mit den Fingern die Zahl drei zeigen,*
„Ecken" – *auf dem Kopf drei Ecken andeuten.*

Diese Aktion kann man aber auch erschweren, indem man die Worte durch Gesten ersetzt, also: auf sich selbst deuten für das Wort „mein". Im ganzen Lied wird das Wort „mein" so ersetzt. Dann die beiden ersten Wörter durch Bewegung ersetzen, also: „mein Hut"... Das Spiel geht so lange, bis fast das ganze Lied nur noch aus Bewegungen besteht.

Melodie: Neapolitanische Canzonetta „O cara mamma mia"

78

SPIEL UND SPASS

Froh zu sein, bedarf es wenig — 33

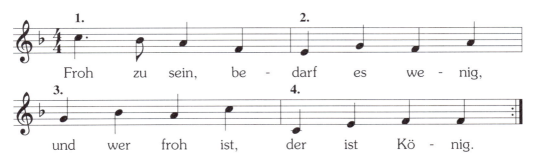

Froh zu sein, be-darf es we-nig,
und wer froh ist, der ist Kö-nig.

Hüpfen und Springen sind im Rhythmus des Liedes verankert. Wer es durchhält, das Lied auf dem rechten Bein hüpfend zu überstehen, der ist König. Er darf nun die nächste Hüpfart vorschlagen (z. B. Hüpfen auf beiden Beinen, auf dem linken Bein, Springen von rechts nach links, Wedelhüpfen mit beiden Beinen ...) oder jemanden bestimmen, der dieses Lied nach seiner Vorgabe tanzt.

Volkstümlich

IN DIE WEITE WELT HINEIN

34 Backe, backe Kuchen

Bak-ke, bak-ke Ku-chen, der Bäk-ker hat ge-ru-fen! Wer will gu-ten Ku-chen bak-ken, der muß ha-ben sie-ben Sa-chen: Ei-er und Schmalz, But-ter und Salz, Milch und Mehl, Saf-ran macht den Ku-chen gel'. Schieb, schieb in O-fen rein!

Kuchen backen – welches Kind wollte da nicht dabeisein? Lassen Sie Ihr Kind mithelfen, und wenn der Kuchen in der Backröhre verstaut ist, dann wird gesungen. Dabei das Lied mit all den Arbeitsgeräten begleiten, die beim Kuchenbacken nötig waren: die Rührschüssel, der Schneebesen, der Schlecklöffel, der Kochlöffel...

Altes Kinderlied

Es klappert die Mühle 35

2. Flink laufen die Räder und drehen den Stein,
klipp, klapp,
und mahlen den Weizen zu Mehl uns so fein,
klipp, klapp.
Der Müller, der füllt uns den schweren Sack,
der Bäcker das Brot und den Kuchen uns backt.
Klipp, klapp ...

3. Wenn goldene Körner das Ackerfeld trägt,
klipp, klapp,
die Mühle dann flink ihre Räder bewegt,
klipp, klapp.
Und schenkt uns der Himmel nur immer das Brot,
so sind wir geborgen und leiden nicht Not.
Klipp, klapp ...

Suchen Sie zusammen mit dem Kind nach dicken Hölzern, die Sie gegebenenfalls mit Schmirgelpapier glätten. Ihr Kind kann nun das Lied begleiten. „Klipp, klapp" wird mit den Klanghölzern hörbar gemacht. So bekommt das Klappern der Mühle einen Klang und nimmt Gestalt an.

Text: Ernst Anschütz
Volksweise

In die weite Welt hinein

36 Wollt ihr wissen, wie der Bauer

1. Wollt ihr wissen, wie der Bauer, wollt ihr wissen, wie der Bauer seinen Haber aussät? Sehet, so, so macht's der Bauer, sehet, so, so macht's der Bauer, wenn er Haber aussät.

2. Wollt ihr wissen, wie der Bauer seinen Haber abmäht?
   Sehet, so, so macht's der Bauer, wenn er Haber abmäht.

3. Wollt ihr wissen, wie der Bauer seinen Haber einfährt?
   Sehet, so, so macht's der Bauer, wenn er Haber einfährt.

4. Wollt ihr wissen, wie der Bauer seinen Haber ausdrischt?
   Sehet, so, so macht's der Bauer, wenn er Haber ausdrischt.

5. Wollt ihr wissen, wie der Bauer nach der Arbeit ausruht?
   Sehet, so, so macht's der Bauer, wenn er abends ausruht.

6. Wollt ihr wissen, wie der Bauer nach der Arbeit sich freut?
   Sehet, so, so macht's der Bauer, wenn beim Tanz er sich dreht.

Spiellied aus dem Rheinland

BEI DER ARBEIT

In alten Kinderbüchern sind oft sehr schöne Bilder von der Aussaat im Frühjahr zu finden. Betrachten Sie ein solches Bild mit Ihrem Kind zusammen. Klären Sie dabei solche Begriffe wie „Haber", „aussäen", „abmähen", „einfahren" und „ausdreschen". Versuchen Sie dann die Bewegung des Bauers bei der Aussaat nachzuvollziehen. Tiefe, weit ausholende Bewegungen sind beim Aussäen wichtig. Und zwischendurch muß immer wieder in den umgehängten Haferbeutel gegriffen werden, um Nachschub zu holen. Diese Bewegung eignet sich zur Begleitung der ersten Strophe.

Das Abmähen der zweiten Strophe läßt sich in einer ähnlichen Bewegung nachvollziehen. Die restlichen Liedstrophen werden einfach mitgespielt: einfahren, ausdreschen, sich ausruhen und sich freuen. Selbstverständlich darf der Tanz mit der Bäuerin zum Abschluß nicht fehlen!

IN DIE WEITE WELT HINEIN

37 Grün sind alle meine Kleider

1. Grün, grün, grün sind alle meine Kleider, grün, grün, grün ist alles, was ich hab. Darum lieb ich alles, was so grün ist, weil mein Schatz ein Jäger, Jäger ist.

Dazu braucht man Tücher oder Stoffreste in verschiedenen Farben. Das Kind sucht sich zur jeweiligen Liedstrophe die entsprechend farbigen Stoffreste und Tücher heraus. Es benutzt sie als Umhang, Kopftuch, Gürtel oder steckt sie einfach in den Hosenbund. Jetzt beginnt zum Lied die entsprechende farbige Modenschau: in Grün, in Weiß, in Blau, in Bunt und in Schwarz.

2. Weiß, weiß, weiß sind alle meine Kleider, weiß, weiß, weiß ist alles, was ich hab'. Darum lieb' ich alles, was so weiß ist, weil mein Schatz ein Müller, Müller ist.

3. Blau – Färber.

4. Bunt – Maler.

5. Schwarz – Schornsteinfeger.

Spiellied aus Pommern

BEI DER ARBEIT

Es schneidet die Schere   38

1. Es schnei-det die Sche - re, schnipp, schnapp, schnapp,
den Stoff, das Pa - pier und die Pap - pe ab.
Die Sche - re ist scharf, sie schneid' so ge -
schwind. Paß auf, weil Sche - ren ge - fähr - lich sind!

2. Es näht meine Nadel, stich, stich, stich,
ein ganz neues Kleid und die Hose für mich.
Die Nadel ist spitz, sie sticht so geschwind.
Paß auf, weil Nadeln gefährlich sind!

3. Es schneidet das Messer, eins, zwei, drei,
das Brot und die Wurst und den Apfel entzwei.
Das Messer ist scharf, es schneidet geschwind.
Paß auf, weil Messer gefährlich sind!

4. Es pikt die Gabel, pik, pik, pik,
vom Teller Kartoffeln und Fleisch, Stück für Stück.
Die Gabel ist spitz, sie pikt so geschwind.
Paß auf, weil Gabeln gefährlich sind!

5. Es brennt meine Kerze, ei, ei, ei,
wie ist das so schön, kommt alle herbei!
Die Flamme ist heiß, sie brennt so geschwind.
Paß auf, weil Flammen gefährlich sind!

Text: Rolf Krenzer
Melodie: Inge Lotz
aus: Krenzer/Lotz: Wir sind
die Musikanten. © Verlag
Ernst Kaufmann, Lahr;
Kösel-Verlag, München

IN DIE WEITE WELT HINEIN

39 Zeigt her eure Füßchen

1. Zeigt her eure Füßchen, zeigt her eure Schuh, und sehet den fleißigen Waschfrauen zu! Sie waschen, sie waschen den ganzen Tag, sie waschen, sie waschen den ganzen Tag.

2. Sie winden, sie winden …

3. Sie trocknen, sie trocknen …

4. Sie bügeln, sie bügeln …

5. Sie klatschen, sie klatschen …

6. Sie ruhen, sie ruhen …

7. Sie tanzen, sie tanzen …

Altes Spiellied

BEI DER ARBEIT

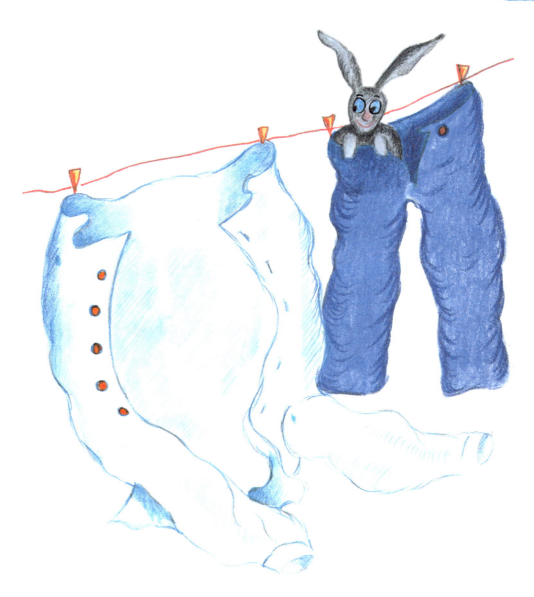

Wäschewaschen ist heute eine Arbeit, die die Waschmaschine erledigt. Die Kinder wissen deshalb gar nicht, was die Waschmaschine für den Menschen übernimmt. Die ersten vier Liedstrophen sind Anlaß, dem Kind klarzumachen, welche Arbeiten mit dem Wäschewaschen zusammenhängen: das Waschen, das Winden, das Trocknen und Bügeln.
Alle Tätigkeiten werden dann in der Bewegung ohne Worte dargestellt. In der fünften, sechsten und siebten Strophe genießen wir den Feierabend der Waschfrauen und freuen uns mit ihnen: klatschen, ruhen und tanzen.

IN DIE WEITE WELT HINEIN

40 Handwerkerlied

1.–9. Wer will flei-ßi-ge Hand-wer-ker sehn,
ei, der muß zu uns her gehn. 1. Stein auf Stein,
Stein auf Stein, das Häus-chen wird bald fer-tig sein.

2. O wie fein, der Glaser setzt die Scheiben ein.

3. Tauchet ein, der Maler streicht die Wände fein.

4. Zisch, zisch, zisch, der Tischler hobelt glatt den Tisch.

5. Poch, poch, poch, der Schuster schustert zu das Loch.

6. Stich, stich, stich, der Schneider näht ein Kleid für mich.

7. Rühre ein, der Kuchen wird bald fertig sein.

8. Trapp, trapp, drein, jetzt gehn wir von der Arbeit heim.

9. Hopp, hopp, hopp, jetzt tanzen alle im Galopp.

Volkslied

BEI DER ARBEIT

Handwerksberufe sind für Kinder immer besonders spannend. Da tut sich was, da werden Geräusche gemacht, da sieht man etwas. Nicht so langweilig wie im Büro sitzen! Deshalb sind Kinder mit Begeisterung dabei, die Tätigkeiten und Geräusche nachzumachen, die bei Handwerkern beobachtet werden. Das Lied gibt genügend Anhaltspunkte, dies sichtbar und hörbar werden zu lassen.

Dabei werden gleichzeitig das Zwerchfell und die Atmung geschult:
- Der Maurer setzt die gedachten Steine auf und stöhnt dabei: „Puh ..."
- Der Glaser hält die Luft an, während er die unsichtbare Scheibe einsetzt.
- Der Maler pfeift, während er streicht.
- Der Tischler sagt: „Zisch ...", während er über sein Holz fährt.
- Der Schuster meint: „Poch ..." und schlägt mit dem gedachten Schusterhammer auf die Schuhsohlen.
- Der Schneider singt: „Stich ..." und näht. Dabei sticht er sich auch mal in den Finger!
- Der Bäcker murmelt: „Rühren ...", während er an der großen Teigschüssel steht und das Mehl einrührt.

In der letzten Strophe ist ein Zungenbrecher versteckt: „Trapp, trapp, drein ..." Deshalb reizt diese Strophe besonders zum schnellen Singen.

Wie fast jedes Spiellied schließt auch dieses mit einem Tanz ab. Das Kind sucht sich einen Partner, hakt ihn unter und jagt im Galopp durchs Zimmer.

89

IN DIE WEITE WELT HINEIN

41 Das Wandern ist des Müllers Lust

Wandern ist nicht unbedingt das, was Kinder lustig finden. Es sei denn, man erzählt ihnen eine schöne Geschichte dabei. Eine Märchenfigur, die von einem Ort zum andern gewandert ist und dabei auch noch allerhand erlebt hat, ist „Hans im Glück". Man kann dieses Märchen ganz gut dem Lied „Das Wandern ist des Müllers Lust" anpassen und entsprechend verändern.

2. Vom Wasser haben wir's gelernt, vom Wasser!
   Das hat nicht Ruh' bei Tag und Nacht,
   ist stets auf Wanderschaft bedacht, das Wasser.

3. Das sehn wir auch den Rädern ab, den Rädern,
   die gar nicht gerne stille stehn,
   die sich mein Tag nicht müde drehn, die Räder.

4. Die Steine selbst, so schwer sie sind, die Steine,
   sie tanzen mit dem muntern Reig'n
   und wollen gar noch schneller sein, die Steine.

5. O Wandern, Wandern, meine Lust, o Wandern!
   Herr Meister und Frau Meisterin,
   laßt mich in Frieden weiterziehn und wandern.

Text: Wilhelm Müller
Melodie: Karl Zöllner

UNTERWEGS

Hans auf der Wanderschaft zum Glück

Es war einmal ein Junge. Er hieß Hans. Hans war immer lieb zu den Menschen, deshalb schenkte ihm ein Mann eines Tages einen Klumpen Gold. Hans war glücklich und wanderte nach Hause.

Erste Strophe: „Das Wandern ist des Müllers Lust ..."

Auf dem Heimweg traf er einen Reiter mit Pferd. Der Reiter sagte: „Das Pferd ist wertvoll. Damit kannst du über Stock und Stein reiten, kommst so schnell wie das Wasser voran und brauchst nicht zu wandern!" Hans tauschte den Goldklumpen gegen das Pferd und war froh, nicht mehr wandern zu müssen.

Zweite und dritte Strophe: „Vom Wasser haben wir's gelernt ..."

Hans war so schnell wie das Wasser und der Wind. Da begegnete er einem Bauern mit einer Kuh. Der Bauer sprach: „Ei, Hans, warum so schnell? Ich gebe dir die Kuh. Sie gibt Milch. Du kannst daraus in aller Ruhe Käse machen. Gib mir nur dein Pferd dafür. Du wirst sehen, mit einer Kuh ist alles gemütlicher!" Hans tauschte das Pferd gegen die Kuh, und nun wanderte er wieder ganz langsam und gemütlich, wie Steine wandern.

Vierte Strophe: „Die Steine selbst ..."

Ein kleines Stück gegangen, traf Hans einen Mann mit einer Schleifmaschine. Damit machte er für die Leute Scheren

und Messer scharf. Der Schleifer sah ihn und sagte: „Mensch, Hans, ich tausche mit dir. Nimm meine Schleifmaschine. Damit verdienst du viel Geld!" Hans tauschte und war sehr froh. Aber während des Wanderns drückte ihm die Schleifmaschine schwer auf die Schultern. So setzte er sich an einen Brunnen und machte Pause. Da geschah es: Die Schleifmaschine fiel Hans in den Brunnen. Nun hatte er gar nichts mehr. Trotzdem war Hans froh und sagte zu sich: „Ach, ist das schön, nichts mehr zu haben! Jetzt kann ich frohgemut zu meiner Mutter nach Hause wandern." Pfeifend und singend wanderte er weiter.

Letzte Strophe: „O Wandern, Wandern, meine Lust ..."

Endlich kam er zu seiner Mutter. Die schloß ihn in die Arme und sagte: „Lieber Hans, bleib bei mir! Geh nicht mehr so weit weg!" Sie umarmten sich und waren glücklich bis an ihr Lebensende.

IN DIE WEITE WELT HINEIN

42 Grün heißt gehen

Grün heißt ge-hen. Grün heißt ge-hen, wenn wir vor der
Am-pel ste-hen, wenn wir vor der Am-pel ste-hen.
Grü-nes Licht, grü-nes Licht, geht jetzt schnell und war-tet nicht.
Zeigt die Am-pel a-ber rot, blei-be stehn, sonst bist du tot.

Aus Papier zwei große Kreise ausschneiden. Einer wird rot, der andere grün bemalt und auf einen Karton geklebt. Nun kann das Kind selbst den Verkehr regeln. Zeigt es den roten Kreis hoch, müssen alle stehen, zeigt es den grünen Kreis, dürfen sie gehen.

Text: Rolf Krenzer
Melodie: Inge Lotz
aus: Rolf Krenzer: Heute wird es wieder schön.
Lahn Verlag. 1995

UNTERWEGS

Eisenbahn 43

Ei - sen - bahn, Ei - sen - bahn, fah - re nicht so schnell da - von!
Nimm mich mit! Nimm mich mit! Nimm mich mit!

Mit Stühlen einen Eisenbahnwaggon zu bauen begeistert jedes Kind. Man braucht nur ein bißchen Platz, einige Stühle oder Hocker und etwas Fantasie. Die Hocker werden in Zweierreihen hintereinander aufgestellt. Der Lokführer steigt auf einen eigenen Hocker, ganz vorne. Nun fehlen nur noch die Reisenden, und schon geht die Fahrt los! Es ruckelt und zuckelt, die Fahrgäste werden nach vorne und hinten, nach rechts und links geschaukelt. Mit dem Körper machen sie alle Bewegungen mit. Auch der Fahrgast, der zu spät kommt, wird noch mitgenommen: Die Eisenbahn bremst, alle fallen nach vorn. Der neue Gast steigt ein, und weiter geht die Fahrt.

Text und Melodie: überliefert

IN DIE WEITE WELT HINEIN

44 Auf de schwäbsche Eisebahne

1. Auf de schwäb-sche Ei-se-bah-ne
gibt's gar vie-le Halt-sta-tio-ne,
Schtue-gert, Ulm und Bi-be-rach, Mek-ke-beu-re,
Dur-les-bach. Rul-la, rul-la, rul-la-la,
rul-la, rul-la, rul-la-la, Schtue-gert, Ulm und
Bi-be-rach, Mek-ke-beu-re, Dur-les-bach.

Sind mehrere Kinder zusammen, faßt jedes das vordere an der Hüfte an und marschiert los. Das wird ein langer Zug! So macht es Spaß, das Lied zu singen und bei jeder Strophe eine neue „Lokomotive" zu bestimmen.

Aus Baden

UNTERWEGS

2. Auf de schwäbsche Eisebahne
   wollt amal a Bäurle fahre,
   geht an Schalter, lupft de Hut:
   „Oi Billettle, seid so gut!"

3. Eine Goiß hat er sich kaufet,
   und daß sie ihm nit entlaufet,
   bindet sie de gute Ma
   hinte an de Wage a.

4. „Böckli, tu nur woidle springe,
   's Futter werd i dir scho bringe."
   Setzt sich zu seim Weible na
   und brennt's Tabakpfeifle a.

5. Auf de nächste Statione,
   wo er will sein Böckle hole,
   findt er nur noch Kopf und Soil
   an dem hintre Wagetoil.

6. Do kriegt er en große Zorne,
   nimmt den Kopf mitsamt dem Horne,
   schmeißt en, was er schmeiße ka,
   dem Konduktör an Schädel na:

7. „So, du kannst den Schade zahle,
   warum bist so schnell gefahre!
   Du allein bischt schuld dara,
   daß i d'Gois verlaure ha!"

IN DIE WEITE WELT HINEIN

45 Wir reisen nach Jerusalem

Wir rei-sen nach Je-ru-sa-lem, und wer will mit? Die Kat-ze mit dem lan-gen Schwanz, und die muß mit!

Dieses Spiellied ist gut für einen Kindergeburtstag geeignet. Die Kinder fassen sich an den Händen, bilden einen Kreis und gehen ringsherum. Ein einzelnes Kind läuft in der entgegengesetzten Richtung außen um den Kreis herum. Bei „die muß mit" schlägt es einem Kind aus dem Kreis auf den Rücken. Dieses hängt sich bei ihm an usw., bis der innere Kreis aufgelöst ist und die Reise beginnen kann.

Tanzlied

Unterwegs

In die weite Welt hinein

46   Gretel, Pastetel

Auch im Kanon

1. Gretel, Pastetel, was machen die Gäns'? Sie sitzen im Wasser und waschen die Schwänz'.

2. Gretel, Pastetel, was macht eure Kuh?
   Sie stehet im Stalle und macht immer muh.

3. Gretel, Pastetel, was macht euer Hahn?
   Er sitzt auf der Mauer und kräht, was er kann.

Auch im Kanon
Kinderlied

IN DER NATUR

Ding, dong, die Katz' ist krank   47

Zu diesem Lied paßt das „Flüsterspiel" gut: In einer Runde wird ein Satz oder ein Wort dem nächsten ins Ohr geflüstert. Niemand darf es hören. Ist die Runde zu Ende, sagt der letzte Mitspieler das, was er verstanden hat, laut. Dabei gibt es oft lustige Wortverwandlungen. In bezug auf dieses Lied geht das so: Der erste Satz bleibt immer gleich: „Ding, dong ..., die Katz' ist krank." Der zweite Satz könnte heißen: „Sie hat Husten." Dann wäre von einem zum andern zu flüstern: „Ding, dong ..., die Katz' ist krank. Sie hat Husten." Natürlich hat sie in der zweiten Runde eine andere Krankheit!

Text: Orff
Melodie: Keetman
mit Genehmigung des Verlages
B. Schott's Söhne, Mainz

IN DIE WEITE WELT HINEIN

48 Alle meine Entchen

Alle meine Entchen schwimmen auf dem See,
Köpfchen in dem Wasser, Schwänzchen in der Höh'.

Wenn es ein Kinderlied gibt, das jeder kennt, dann ist es dieses! Auf dem Klavier, auf dem Glockenspiel, auf dem Xylophon: Immer wird probiert, „Alle meine Entchen" zu spielen. Man kann mit diesem Liedchen aber auch eine sehr hübsche Bastelarbeit verbinden.

Altes Kinderlied

Korkenente

- Flaschenkorken
- Scharfes Messer
- Feder
- Aus der Zeitschrift ausgeschnittener Entenhals und -kopf

Den Entenkopf kann sicher Ihr Kind ausschneiden oder auch selber malen, auf eine dünne Pappe kleben und noch mal nachschneiden.

Den Korken sollten Sie wie folgt vorbereiten: Machen Sie vorne mit einem scharfen Messer einen etwa 0,5 Zentimeter tiefen und 1,5 Zentimeter langen Einschnitt in den Korken. Dorthin wird der Entenhals geschoben und angeklebt. Hinten muß nur ein kleiner Schnitt erfolgen, weil die Feder dort einfach in den Korken geschoben wird. Diese Ente kann übrigens auch schwimmen, wenn man einen ca. drei Zentimeter langen, kräftigen Nagel ein Stück weit in die Unterseite der Korkenente drückt!

IN DIE WEITE WELT HINEIN

49 Was haben wir Gänse für Kleider an

1. Was haben wir Gänse für Kleider an? Gigagack! Wir gehen barfuß allezeit in einem weißen Federkleid, gigagack! Wir haben nur einen Frack.

2. Was haben wir Gänse für eine Kost? Gigagack! Im Sommer gehn wir auf die Au, im Winter speist die Bauersfrau, gigagack! Uns aus dem Hafersack.

3. Was trinken wir Gänse für einen Wein? Gigagack! Wir trinken nur den stärksten Wein, das ist der Gigagänsewein, gigagack! Ist stärker als Rum und Rack.

4. Was reden wir Gänse für eine Sprach'? Gigagack! Wir reden griechisch und latein und könnten Professoren sein, gigagack! Mit unserm Schnick und Schnack.

5. Was machen wir Gänse am Martinstag? Gigagack! Man führt uns aus dem Stall hinaus zu einem fetten Martinsschmaus, gigagick! Und bricht uns das Genick.

Text: Heinrich Hoffmann von Fallersleben
Melodie: Kinderlied aus Schlesien

IN DER NATUR

Ein kleines graues Eselchen   50

Ein kleines, graues Eselchen durchwandert froh die Welt; es wackelt mit den Ohren, solang es ihm gefällt. I-a, i-a, i-a, i-a, i-a.

Wenn das Eselchen die Welt durchwandert, ist es sicher lange unterwegs. Warum sollte unser kleines Eselchen dafür nicht seine Füße trainieren?
- **Beim Gehen die Füße von der Ferse zur Zehenspitze abrollen?**
- **Auf den Zehenspitzen, auf den Fersen gehen?**
- **Ein Seil mit den Zehen erfassen und eine Figur damit legen?**
- **Einen Stift mit dem Fuß hin und her rollen und ihn weitergeben?**

Nun ist das Eselchen für die lange Wanderschaft gerüstet.

erschienen im: Li-La-Lesebuch.
Ehrenwirth Verlag GmbH.
München

IN DIE WEITE WELT HINEIN

51 Auf unsrer Wiese gehet was

Auf uns-rer Wie-se ge-het was, wa-tet durch die Sümp-fe; es hat ein wei-ßes Röck-lein an, trägt auch ro-te Strüm-pfe; fängt die Frö-sche schnapp, wapp, wapp, klap-pert lu-stig klap-per-di-klapp! Wer kann das er-ra-ten?

In diesem Lied ist die Bewegung des Storches schon beschrieben. Sie muß nur noch ausprobiert werden: Der Storch geht auf der Wiese. Er hat ganz lange, dünne Beine und zieht beim Gehen die Knie ganz weit hoch. Und wenn er erst durch einen Sumpf watet, muß er die Knie noch höher ziehen!

Volkslied
Text: Heinrich Hoffman
von Fallersleben

IN DER NATUR

Springlied 52

1. Wie hoch springt der Floh, wie hoch springt der Floh?
So hoch, ja, so hoch springt der Floh.

2. Wie hoch springt der Frosch, wie hoch springt der Frosch?
So hoch, ja, so hoch springt der Frosch.

3. Wie hoch springt die Heu-, die Heuschrecke hoch?
So hoch springt die Heuschrecke hoch.

4. Wie hoch springt das Pferd, wie hoch springt das Pferd?
So hoch springt das Pferd, springt das Pferd.

5. Wie hoch springt der Ball, wie hoch springt der Ball?
So hoch springt der Ball, springt der Ball.

6. Wie hoch springt der Stein, wie hoch springt der Stein?
So hoch springt der Stein, springt der Stein.

7. Und wie hoch springst du, und wie hoch springst du?
Hoch, am allerhöchsten spring' ich!

*Text und Melodie:
Elisabeth Baumann, Murnau*

IN DIE WEITE WELT HINEIN

53 Die Vögel wollten Hochzeit halten

1. Die Vögel wollten Hochzeit halten in dem grünen Walde. Fiderala-la, fiderala-la, fiderala-la-la-la.

2. Die Drossel war der Bräutigam, die Amsel war die Braute ...

3. Die Lerche, die Lerche, die führt die Braut zur Kerche ...

4. Der Wiedehopf, der Wiedehopf, der schenkt der Braut 'nen Blumentopf ...

5. Der Spatz, der kocht das Hochzeitsmahl, verzehrt die schönsten Bissen all ...

6. Die Gänse und die Anten, das sind die Musikanten ...

7. Der Pfau mit seinem bunten Schwanz, der führt die Braut zum ersten Tanz ...

8. Brautmutter war die Eule, nimmt Abschied mit Geheule ...

9. Frau Kratzefuß, Frau Kratzefuß, gibt allen einen Abschiedskuß ...

10. Nun ist die Vogelhochzeit aus, und alle ziehn vergnügt nach Haus'.

Zu diesem Lied gehört einfach eine Vogelverkleidung, um die Strophen auch mitspielen zu können.

Aus einem alten Gesellschaftslied

Vogelkostüme

- Dicke Pappe
- Gummiband
- Alte Gardine
- Federn

Für den Vogelschnabel wird aus dicker Pappe die Schnabelform ausgeschnitten, die man mit einem Gummiband am Kopf befestigt.

Für das Gewand nimmt man eine alte dünne Gardine. Das Vorhangband wird gereiht, und schon ist die Gardine ein Umhang. Abschließend näht man mit ein paar Stichen verschiedene farbige Federn auf, die in Bastelgeschäften erhältlich sind. Und schon ist der Vogelumhang perfekt.

Jetzt kann das Lied von der Vogelhochzeit losgehen, vorausgesetzt, es findet sich irgendwo ein Bräutigam mit schwarzem Anzug, der die Geschichte mitspielt. Während das Lied gesungen wird, stolzieren Vogelbraut und -bräutigam durch die Reihen und lassen sich bewundern.

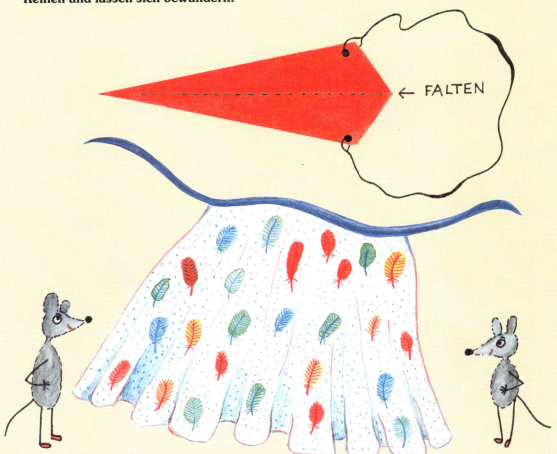

IN DIE WEITE WELT HINEIN

54 Hofgesinde

1.–7. Wi-de-wi-de-wen-ne heißt mei-ne Gluck-hen-ne.

1. Kann-nicht-ruhn heißt mein Huhn, Wi-de-wi-de-
   Wak-kel-schwanz heißt mei-ne Gans.

wen-ne heißt mei-ne Gluck-hen-ne.

Die Melodie des Liedes ist nicht ganz einfach. Deshalb bietet es sich an, beim Singen abzuwechseln. Einer singt den vorderen und den letzten Teil, sprich immer gleiche Texte und Melodien, ein anderer singt den sich ändernden Mittelteil: „Kannnichtruhn heißt mein Huhn ..." Nur zum Abschluß sprechen alle miteinander die letzte Strophe.

2. Schwarzundweiß heißt meine Geiß, Treibein, so heißt mein Schwein ...

3. Ehrenwert heißt mein Pferd, Gutemuh heißt meine Kuh ...

4. Wettermann heißt mein Hahn, Kunterbunt heißt mein Hund ...

5. Guckheraus heißt mein Haus, Schlupfhinaus heißt meine Maus ...

6. Wohlgetan heißt mein Mann, Sausewind heißt mein Kind ...

7. Leberecht heißt mein Knecht, Hochbetagt heißt meine Magd ...

8. (gesprochen) Nun kennt ihr mich mit Mann und Kind und meinem ganzen Hofgesind'.

Kinderlied aus Holstein

IN DER NATUR

Hüpferling-Ratelied 55

1. Es war einmal ein Hüpferling, der immer an zu hüpfen fing, wenn er 'ne Fliege fliegen sah: Dann sprang er los und war schon da. Hüpferling, du Fliegenschreck, halt! Jetzt hüpf nicht einfach weg!

2. Und wenn der kleine Hüpferling
   sich eine Fliege fing,
   dann schnellte seine Zunge raus
   und holte – schwupps – den fetten Schmaus.
   Hüpferling, du Fliegenschreck ...

3. Es war einmal ein Hüpferling,
   der manchmal auch spazierenging
   im Hüpfeschritt am Teich entlang,
   wobei er ziemlich quäksig sang.
   Hüpferling, du Fliegenschreck ...

4. Doch weil der kleine Hüpferling
   auch schrecklich gerne schwimmen ging,
   sprang er kopfüber in den Teich,
   und wie er heißt, errätst du gleich.
   Hüpferling, du Fliegenschreck ...

aus: Christa Zeuch:
Halli-hallo, Herr Flunkerfloh.
© 1992 by Arena Verlag
GmbH, Würzburg

IN DIE WEITE WELT HINEIN

56 Ein Männlein steht im Walde

1. Ein Männlein steht im Walde ganz still und stumm; es
hat vor lauter Purpur ein Mäntlein um.
Sagt, wer mag das Männlein sein, das da steht im Wald allein
mit dem purpurroten Mäntelein?

Gestalten Sie einmal ein Männchen aus einer Hagebutte! Belassen Sie den schwarzen Fruchtansatz als Hut, den roten Fruchtkörper als Umhang, und nun nehmen Sie einfach noch halbierte Holzzahnstocher als Arme bzw. Beine. Fertig ist das eigene Hagebuttenmännchen!

(Ein Kind spricht)
Das Männlein dort auf einem Bein
mit seinem roten Mäntelein
und seinem schwarzen Käppelein
kann nur die Hagebutte sein.

Volksweise
Text: Heinrich Hoffmann
von Fallersleben

IN DIE WEITE WELT HINEIN

57 Lauf, Jäger, lauf

1. Ein Jäger längs dem Weiher ging, lauf, Jäger, lauf! Die Dämmerung den Wald umfing.
Lauf, Jäger, lauf, Jäger, lauf, lauf, lauf, mein lieber Jäger, guter Jäger, lauf, lauf, lauf, mein lieber Jäger, lauf, mein lieber Jäger, lauf!

Der Jäger ist auf Hasenjagd. Das ist eine spannende Angelegenheit. Die Spannung, die sich durch dieses Lied zieht, kann mit einer Trommel richtig hörbar gemacht werden.

Aus dem Rheinland

2. Was raschelt in dem Grase dort,
   lauf, Jäger, lauf,
   was flüstert leise fort und fort?
   Lauf, Jäger …

3. Was ist das für ein Untier doch,
   lauf, Jäger, lauf,
   hat Ohren wie ein Blocksberg hoch?
   Lauf, Jäger …

4. Das muß fürwahr ein Kobold sein,
   lauf, Jäger, lauf,
   hat Augen wie Karfunkelstein.
   Lauf, Jäger …

5. Der Jäger furchtsam um sich schaut,
   lauf, Jäger, lauf,
   jetzt will ich's wagen, oh, mir graut!
   Lauf, Jäger …

6. Der Jäger lief zum Wald hinaus,
   lauf, Jäger, lauf,
   verkroch sich flink im Jägerhaus.
   Lauf, Jäger …

7. Das Häschen spielt im Mondenschein,
   lauf, Jäger, lauf,
   ihm leuchten froh die Äugelein.
   Lauf, Jäger …

FREMDE LÄNDER, MENSCHEN, TIERE

58 Die Tiroler sind lustig

1. Die Tiroler sind lustig, die Tiroler sind froh, sie trinken ein Gläschen und machens dann so.

2. Die Tiroler sind lustig,
   die Tiroler sind froh,
   sie verkaufen ihr Bettchen
   und schlafen auf Stroh.

3. Die Tiroler sind lustig,
   die Tiroler sind froh,
   sie nehmen ein Weibchen
   und tanzen dazu.

4. Erst dreht sich das Weibchen,
   dann dreht sich der Mann,
   sie fassen sich beide
   und tanzen zusamm'!

Spielen Sie zum Dreiertakt dieses Liedes.
- Während des Singens einfach gehen. Vielleicht erspürt das Kind schon die Betonung auf dem ersten Takt und kann bei diesem Schritt laut und kräftig auf den Boden stampfen, während die beiden folgenden Schritte ganz normal gegangen werden.
- Beim ersten Takt auf die Schenkel patschen, die beiden folgenden Takte in die Hände klatschen.
- Mit dem Kind auf dem Arm einen Walzer tanzen.
- Mit beiden Händen den Boden berühren, dann klatschen und zuletzt mit den Fingern schnippen ...

Aus Österreich

KLATSCHSPIEL

Wenn wir fahrn fahrn fahrn   59

1. Wenn wir fahr'n fahr'n fahr'n mit der Bahn Bahn Bahn in das schö-ne Land Ti-rol am See, da be-geg-net uns ei-ne Sen-ne-rin und der Sen-ners-bue da-zu; ju-che.

Ältere Kindergartenkinder verbinden mit diesem Lied gerne ein Klatschspiel, das sie paarweise miteinander ausführen. Dazu patschen sie einmal auf die Oberschenkel, klatschen dann einmal in die eigenen Hände und zweimal in die Hände der Nachbarin. Es können aber auch andere Klatschkombinationen erfunden werden.

115

FREMDE LÄNDER, MENSCHEN, TIERE

60 Winde wehn, Schiffe gehn

1. Winde wehn, Schiffe gehn weit in fremde Land! Und des Matrosen allerliebster Schatz bleibt weinend stehn am Strand.

Reisekataloge sind voll von Meer- und Schiffsfotos. Nehmen Sie dieses kostenlose Angebot zu Hilfe, und basteln Sie damit ein Schaukelschiff, das sich fortbewegen läßt.

Aus Finnland

2. Wein doch nicht, lieb' Gesicht,
   wisch die Tränen ab!
   Und denk an mich und an die schöne Zeit,
   bis ich dich wiederhab'.

3. Silber und Gold, Kisten voll,
   bring' ich dann mit mir.
   Ich bringe Seiden und Sammetzeug,
   und alles schenk' ich dir.

Schiffskino

- Reisekatalog
- Scharfes Messer
- Lineal
- Schere
- Fester Karton
- Flüssiger Klebstoff
- Holzschaschlikstab

Schneiden Sie ein schönes, großes Meerfoto (DIN A4 oder besser DIN A3) aus, und kleben Sie es auf einen Karton (z. B. auf die Rückseite eines Zeichenblockes). zehn Zentimeter vom unteren Rand entfernt ritzen Sie mit einem scharfen Messer einen 20 Zentimeter langen Schlitz. Er soll parallel zum unteren Rand verlaufen.

Schneiden Sie ein Foto von einem Schiff aus, oder falten Sie ein Schiffchen aus Buntpapier, und kleben Sie es auf Pappe. Nun müssen Sie nur noch den Holzschaschlikstab auf der Rückseite des Schiffes ankleben und den Stab durch den Schlitz im Bild führen (man darf ihn von vorne nicht sehen!). Und schon können Sie das Schiff schaukeln oder hin- und herfahren lassen.

FREMDE LÄNDER, MENSCHEN, TIERE

61 Mein lieber kleiner Vogel

1. Mein lieber kleiner Vogel, sag mir doch, wohin die Reise geht! „Nach Afrika, nach Afrika, wo nie ein Schneewind weht, nie ein Schneewind weht."

Nehmen Sie einen Globus oder einen Atlas, und verfolgen Sie mit Ihrem Kind die Reiseroute der Vögel, z. B. nach Afrika. So bekommt es einen Eindruck, welche Anstrengungen damit verbunden sind.

2. Mein lieber kleiner Vogel,
sag mir doch, ist das ein weiter Flug?
„Viel Wochen weit, viel Wochen weit,
wir fliegen lang genug!"

3. Mein lieber kleiner Vogel,
sag mir noch, wie lange bleibst du aus?
„Wird's wieder warm, wird's wieder warm,
dann komm' ich gleich nach Haus'!"

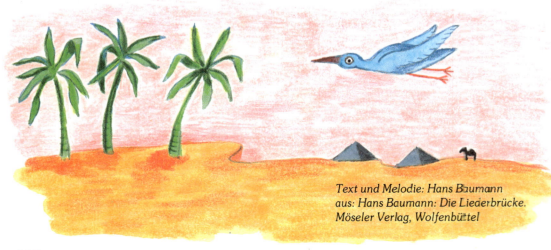

Text und Melodie: Hans Baumann
aus: Hans Baumann: Die Liederbrücke.
Möseler Verlag, Wolfenbüttel

LUSTIGE LAUTVERÄNDERUNGEN

Drei Chinesen mit dem Kontrabaß 62

Drei Chi - ne - sen mit dem Kon - tra - baß
sa - ßen auf der Stra - ße und er - zähl - ten sich was. Da
kam die Po - li - zei: „Ei, was ist denn das?"
Drei Chi - ne - sen mit dem Kon - tra - baß.

Dieses lustige Lied ist wegen seiner wunderbaren Lautveränderungen so bekannt und beliebt. Alle Selbstlaute im Lied werden durch einen einzigen Vokal ersetzt, beispielsweise durch das „a". Dann heißt der Text: „Dra Chanasan mat dam Kantrabaß ..." Ebenso sind „e", „i", „o", „u", „ei", „au" oder „eu" geeignet. Ein Riesenspaß wird es, wenn alle ihr Gesicht verziehen und die drei Chinesen auf „u" mit einer großen Schnute singen!

Volkstümlich

FREMDE LÄNDER, MENSCHEN, TIERE

63 Elefantennummer

1. Wir Elefanten aus Afrika
trampeln mal hier und trampeln mal da,
schaun nicht nach hinten und schaun nicht nach vorn,
wedeln mit dem Rüssel und wackeln mit den Ohr'n.

2. Allen voran der Vater Elefant
ist sehr berühmt und sehr bekannt,
wird auch genannt der Bimbo-Hüte-Klau
reißt die Hüt' vom Kopf,
da schau, schau, schau!

3. Sehr graziös und anmutsvoll
folgt ihm die Mutter Bimbo-Knoll.
Hat auf der Nase ein dickes Ei,
doch ihr ist das alles einerlei.

ALS ELEFANT DURCHS WOHNZIMMER

Formen Sie die lustige Elefantenfamilie doch einmal aus Knetmasse, oder spielen Sie selbst Elefantenfamilie: Die linke Hand kommt an die Nasenspitze, der rechte Arm schlüpft durch den entstandenen Bogen des linken Armes durch und bildet so den Elefantenrüssel. Nun kann die Elefantenfamilie lostrampeln.

4. Bimbolinchen heißt das Elefantenkind,
   ist ein freches Stück
   und rennt wie der Wind,
   tanzt aus der Reihe mal hier, mal dort,
   manchmal, da läuft es einfach fort.

5. Als Elefantenmädchen Silberblick
   tänzelt Bimbolinchen sehr geschickt,
   verneigt sich nach hinten,
   verneigt sich nach vorn,
   hat dabei schon öfter gar manches verlor'n.

6. Am Schluß des Zuges kommt ganz geschwind
   das allerkleinste Elefantenkind,
   ist noch ein Baby und gar nicht fett,
   macht aber leider noch manchmal ins . . .

*Text und Melodie:
Gertrud Weidinger*

FREMDE LÄNDER, MENSCHEN, TIERE

64 Wann und wo

Im Kanon zu vier Stimmen

Wann und wo, wann und wo sehen wir uns wieder und sind froh?

Dieser Abschiedskanon läßt sich für das Kind vereinfachen, wenn es sich nur einen Teil herausgreift, z. B. „Wann und wo", und den oft hintereinander singt. Dazu kann der Erwachsene leise das ganze Lied singen. Später sucht sich das Kind einen anderen Liedteil, bis es schließlich das ganze Lied beherrscht. Möglicherweise gelingt es so Ihrem Kind schon sehr früh, mit Ihnen einen „echten" Kanon zu singen.

Im Kanon zu vier Stimmen

Ich bin das ganze Jahr vergnügt

126 Durch das Jahr

154 Geburtstag

160 Martin, Nikolaus,
     Advent und Weihnachten

Ich bin das ganze Jahr vergnügt

65 Rumsdidel, dumsdidel, Dudelsack

Rums - di - del, dums - di - del, Du - del - sack,
heu - te trei - ben wir Scha - ber - nack! Heu - te wird Mu -
sik ge - macht: Ein Mal nur ist Fa - se - nacht!

Die vergnügte Faschingsstimmung, die im Lied zum Ausdruck kommt, kann mit Musikinstrumenten (Töpfe, Rasseln, Schellenband) oder auch mit einer selbstgemachten Trommel so richtig umgesetzt werden.

Text: Carola Wilke,
Melodie: Hans Helmut.
Aus: Das singende Jahr,
Möseler Verlag, Wolfenbüttel

Trommel

- Ein Stück ganz kräftige Plastikfolie
- Leerer, runder Waschmittelkarton
- Doppelseitiges, breites Teppichbodenklebeband

Den Deckel des Waschmittelbehälters abnehmen, die Plastikfolie rund zuschneiden (zehn Zentimeter größer als der Durchmesser der Waschmitteltonne), etwa zehn Zentimeter unterhalb des Tonnenrandes das Klebeband anbringen und festdrücken. Das Papier des Klebebandes abziehen. Nun die Folie möglichst straff auf die Tonne legen und fest am Klebeband andrücken. Die Plastikfolie kann immer wieder nachgespannt werden.

Ich bin das ganze Jahr vergnügt

66 Heunt is der Faschingstag

Heunt is der Fåschingståg, heunt tånz' i', wås i' måg,
heunt kriag i' går nit gnue bis in der Frueh.

Fasching oder Karneval ist für Kinder eine heißgeliebte Zeit, in der sie sich verkleiden und bemalen dürfen, um sich dann draußen stolz zu zeigen. Die Palette reicht von Prinzessin und Dornröschen bis zum Cowboy und Indianer. Eine ganz besonders beliebte Faschingsfigur ist der Clown.

Aus Kärnten

Clowngesicht

- Clownweiß
- Ein roter und ein schwarzer Stangenschminkstift
- Vaseline
- Weiches Tuch
- Rote Knollennase
- Weiße, enge Schwimmütze aus Gummi
- Rote Wollreste
- Flüssiger Klebstoff

Das ganze Gesicht wird mit dem Clownweiß eingecremt. Mit dem schwarzen Stift wird der riesige Mund markiert, der mit dem roten Stift ausgemalt wird.

Auch die Augen werden in überdimensionaler Größe mit dem roten Stift aufgezeichnet. Die rote Knollennase (von Bastel- oder Spielzeuggeschäften) wird mit einem Gummiband am Kopf befestigt.

Schließlich zieht man die weiße Badmütze, die mit roten Wollfäden beklebt ist, über den Kopf – und fertig ist der Clown!

Nun kann der Fasching beginnen!

ICH BIN DAS GANZE JAHR VERGNÜGT

67 Kuckuck, Kuckuck

1. Kuk-kuck, Kuk-kuck ruft aus dem Wald.
Las-set uns sin-gen, tan-zen und sprin-gen!
Früh-ling, Früh-ling wird es nun bald!

2. Kuckuck, Kuckuck läßt nicht sein Schrein:
„Komm in die Felder, Wiesen und Wälder!
Frühling, Frühling, stelle dich ein!"

3. Kuckuck, Kuckuck, trefflicher Held!
Was du gesungen, ist dir gelungen:
Winter, Winter räumet das Feld.

Volksweise
Text: Heinrich Hoffman von Fallersleben

REGENWETTER

Regentröpfchen 68

Im Kreis gehen

1. Re-gen-tröp-chen, Re-gen-tröp-chen, fallt den Mäd-chen

stehen, Arme hochheben   *sich um sich selbst drehen*

auf die Zöpf-chen! Wer sich in den Re-gen stellt, wird ge-wa-schen

klatschen

oh-ne Geld. Re-gen-tröp-chen, fallt auf uns!

2. Regentröpfchen, Regentröpfchen,
fallt den Buben auf die Köpfchen!
Wer sich in den Regen stellt,
wird gewaschen ohne Geld.
Regentröpfchen, fallt auf uns!

Nicht nur mit den Fingern, die sich schnell oder langsam, laut oder leise auf einer Stuhlfläche bewegen, können die Regengeräusche erzeugt werden, sondern man kann auch
- **Einen mit Reis, Kies oder Erbsen gefüllten Joghurtbecher mit einer Plastikfolie und Haushaltsgummi verschließen und schütteln**
- **Auf ein Stück Wellpappe Reis oder Erbsen rieseln lassen**
- **Mit einem Stift auf die Tischkante klopfen …**

Text und Melodie: Renate Lemb mit Genehmigung des Verlages B. Schott's Söhne, Mainz

ICH BIN DAS GANZE JAHR VERGNÜGT

69 Es regnet

Es reg-net, es reg-net, es reg-net sei-nen Lauf, und wenn's ge-nug ge-reg-net hat, dann hört es wie-der auf.

Auf einem Flaschenklavier läßt sich schöne Regenmusik spielen!

Aus Kassel

Flaschenklavier

- Fünf gleiche Glasflaschen (z. B. Weinflaschen)
- Pro Flasche ein passender Korken
- Ein Stück weicher Draht
- Pro Flasche zwei Streichhölzer
- Schnur zum Aufhängen

Die Flaschen werden mit unterschiedlich viel Wasser gefüllt. Je mehr Wasser in der Flasche ist, um so tiefer klingt der Ton. Ist die Flasche entsprechend gefüllt, wird sie mit dem Korken wieder verschlossen, nachdem vorher das dünne Drahtstück durch den Korken gebohrt worden ist. Oben formt man eine Schlaufe und dreht zur Sicherheit ein Streichholz dazu. Unten wickelt man den restlichen Draht um das zweite Streichholz. So verschlossen können die Flaschen mit der Schnur an einem Besenstiel aufgehängt werden.

Damit die Flaschen klingen, schlägt man sie mit einem Löffelstiel zart an.

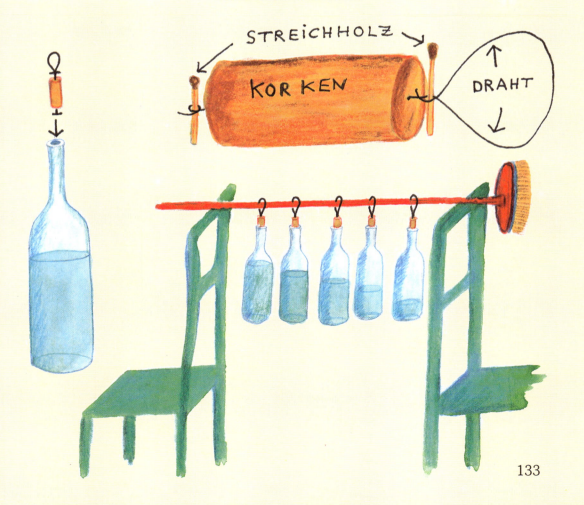

Ich bin das ganze Jahr vergnügt

70 Im Frühling, im Garten

1. Im Frühling, im Garten, im grünen Gras, da sitzt, stellt euch vor, ein Osterhas'. Nun ratet, was er macht: Er sitzt da im Gras und lacht.

Zum Osterhasen gehört selbstverständlich das Osterei. Und zum „echten" Osterei gehört ein „echter" Ostereierbecher, der gleich als hübscher Tischschmuck für das Osterfrühstück verwendet werden kann.

Text und Melodie: Gertrud Lorenz
aus: Gertrud Lorenz: Singen und Spielen. Verlag Konrad Wittwer, Stuttgart 1988

2. Im Frühling, im Garten,
   im grünen Gras,
   da sitzt, stellt euch vor,
   ein Osterhas'.
   Und was hat er dabei?
   Für jeden ein Osterei.

3. Im Frühling, im Garten,
   im grünen Gras,
   da sitzt, stellt euch vor,
   ein Osterhas'.
   Doch schauen wir genau,
   ist's Papa mit seiner Frau.

4. Im Frühling, im Garten,
   im grünen Gras,
   da sitzt, stellt euch vor,
   ein Osterhas'.
   Ein Has' kann jeder sein,
   der andere will erfreun.

Ostereierbecher

- Einige leere Klopapierrollen
- Grünes Kreppapier
- Verschiedenfarbiges Buntpapier
- Schere
- Klebstoff

Jede Klopapierrolle wird in der Mitte durchgeschnitten. Dann das grüne Kreppapier so zuschneiden, daß es einmal um diese Rolle herumpaßt und oben bzw. unten einen Zentimeter übersteht.

Mit dem Kleber befestigt man das Kreppapier an der Klopapierrolle, schlägt den Rand unten ein und klebt ihn innen ebenfalls fest. Der obere Rand wird mehrmals bis zur Rolle eingeschnitten.

Aus dem farbigen Buntpapier Blüten ausschneiden und aufkleben. Fertig ist der Eierbecher. Natürlich muß ein buntgefärbtes Osterei die ganze Arbeit krönen!

ICH BIN DAS GANZE JAHR VERGNÜGT

71 Liebe, liebe Sonne

Lie-be, lie-be Son-ne, komm ein biß-chen run-ter, laß den Re-gen o-ben, dann wol-len wir dich lo-ben. Ei-ner schließt den Him-mel auf, kommt die lie-be Son-ne raus.

Wenn die Sonne scheint, schillern Seifenblasen ganz besonders schön: Drei Eßlöffel flüssiges Spülmittel mit drei Eßlöffeln Wasser vermischen und vorsichtig mit dem Finger umrühren. Es darf nicht schäumen! Gibt man zu dieser Mischung ein paar Tropfen Glyzerin aus der Apotheke, hat man perfekte Seifenblasenflüssigkeit.

Aus Kassel

Ich bin das ganze Jahr vergnügt

72 Liebe Sonne, scheine wieder

1. Lie - be Son - ne, schei - ne wie - der, schein die dü - stern Wol - ken nie - der! Komm mit dei - nem gold - nen Strahl wie - der ü - ber Berg und Tal!

Die Sehnsucht der Kinder nach Sonne zeigt sich auch in diesem Lied. Die Sonne soll die düsteren Wolken niederscheinen, damit es hell und trocken wird. Solche Situationen können Kinder sehr gut nachspielen.

2. Trockne ab auf allen Wegen überall den alten Regen! Liebe Sonne, laß dich sehn, daß wir können spielen gehn!

3. (wie erste Strophe)

Text: Ungarischer Kinderreim
Melodie: Gertrud Weidinger

Der Tanz der Sonne

- Für die dunklen Wolken graue, braune oder schwarze Tücher
- Für die Sonnenstrahlen ganz leichte weiße oder gelbe Farben und Stoffe

Die Tücher werden in die Hand genommen oder als Umhang und Decke verwendet. Ein Kind spielt die Sonne, die anderen Mitspieler stellen Wolken dar.

Zunächst ist die Sonne unter den grauen Wolkentüchern versteckt: Die Wolkenspieler kauern am Boden und breiten ihre grauen Tücher über die Sonne aus. Erst nach der gesungenen Strophe kriecht die Sonne zaghaft aus den düsteren Wolken heraus, steht auf und zeigt ihre gelben Tücher als Sonnenstrahlen. Schnell kriecht sie wieder unter die Wolken zurück, und die zweite Liedstrophe wird gesungen. Am Ende des Liedes tanzt die Sonne mit ihren gelben Tüchern, die Wolken lassen ihre grauen Tücher fallen und tanzen zusammen mit der Sonne.

ICH BIN DAS GANZE JAHR VERGNÜGT

73 Der Kuckuck und der Esel

1. Der Kuk-kuck und der E-sel, die hat-ten ei-nen Streit, wer wohl am, be-sten sän-ge, wer wohl am be-sten sän-ge zur schö-nen Mai-en-zeit, zur schö-nen Mai-en-zeit.

2. Der Kuckuck sprach: „Das kann ich!"
und hub gleich an zu schrein.
„Ich aber kann es besser!"
fiel gleich der Esel ein.

3. Das klang so schön und lieblich,
so schön von fern und nah;
sie sangen alle beide:
„Kuckuck, kuckuck, i-a!"

Zur Einstimmung in den Sängerwettstreit der beiden Tiere kann Ihr Kind vielleicht seine Flöte benutzen, das Glockenspiel zu Hilfe nehmen oder ganz einfach den Kuckucksruf mit der Stimme nachahmen. Das „Ia" des Esels wird sicher mit Wonne von Ihrem Kind übernommen. Hier sind die beiden Flötengriffe für „Kuckuck" in Blau (für das C) und in Orange (für das A) dargestellt (siehe auch Flötengriffe, Seite 28). Benutzt das Kind das Glockenspiel für den Kuckucksruf, so markieren Sie am besten das hohe C mit einem blauen und das darunterliegende A mit einem orange Farbpunkt.

Text: Heinrich Hoffmann
von Fallersleben
Melodie: Nach Karl Friedrich
Zelter

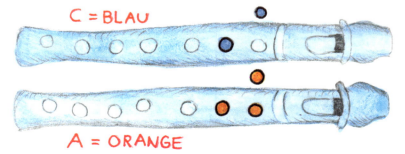

FRÜHLING AM SEE

Froschkonzert

Heut ist ein Fest bei den Frö-schen am See,
Ball und Kon-zert und ein gro-ßes Di-ner.
Quak, quak, quak, quak, quak, quak, quak, quak.

ICH BIN DAS GANZE JAHR VERGNÜGT

75 Der Sommertag ist da

1. Trarira, der Sommertag ist da! Wir wollen in den Garten und woll'n des Sommers warten. Ja, ja, ja, der Sommertag ist da!

Stellen Sie für dieses freudige Lied auch einmal bunte Luftballons zur Verfügung, und lassen Sie Ihr Kind damit tanzen und sich nach Herzenslust bewegen!

2. Trarira, der Sommertag ist da!
   Wir wollen hinter die Hecken
   und woll'n den Sommer wecken.

3. Trarira, der Sommertag ist da!
   Der Sommer hat gewonnen,
   der Winter hat verloren.

4. Trarira, der Sommertag ist da!
   (gesprochen)
   Was wünschen wir dem Herrn? Einen goldnen Tisch,
   auf jeder Eck' ein' gebacknen Fisch
   und mitten hinein drei Kannen voll Wein,
   daß er dabei kann fröhlich sein.
   (gesungen)
   Ja, ja, ja, der Sommertag ist da!

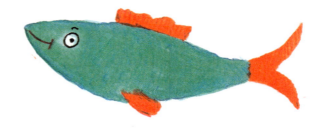

Kinderlied aus der Rheinpfalz

DURCH DAS JAHR

Ich bin das ganze Jahr vergnügt 76

2. Und kommt die liebe Sommerzeit,
   wie hoch ist da mein Herz erfreut,
   wenn ich vor meinem Acker steh'
   und so viel tausend Ähren seh'!

3. Rückt endlich Erntezeit heran,
   dann muß die blanke Sense dran;
   dann zieh' ich in das Feld hinaus
   und schneid' und fahr' die Frucht
   nach Haus'.

4. Im Herbst schau' ich die Bäume an,
   seh' Äpfel, Birnen, Pflaumen dran;
   und sind sie reif, so schüttl' ich sie.
   So lohnet Gott des Menschen Müh'!

5. Und kommt die kalte Winterszeit,
   dann ist mein Häuschen überschneit;
   das ganze Feld ist kreideweiß
   und auf der Wiese nichts als Eis.

6. So geht's jahraus, jahrein mit mir;
   ich danke meinem Gott dafür
   und habe immer frohen Mut
   und denke: „Gott macht alles gut."

*Melodie: Nach Christian
Friedrich Daniel Schubart*

ICH BIN DAS GANZE JAHR VERGNÜGT

77   Die Jahreszeiten

Es war eine Mutter, die hatte vier Kinder, den Frühling, den Sommer, den Herbst und den Winter.

Das Lied von den vier Jahreszeiten eignet sich hervorragend als Spiellied. Allerdings braucht man mehrere Kinder dazu. Das wäre also eine Spielmöglichkeit für den Kindergeburtstag.

Ein Kind spielt die Mutter und sitzt in der Mitte eines Kreises. Ringsherum stehen Kinder, die die vier Jahreszeiten verkörpern. Je nach Jahreszeit haben die Kinder farbige Nylontücher in der Hand: für den Frühling gelbe, orange oder rote Tücher (Blumen), für den Sommer dunkelgrüne Tücher (Klee), für den Herbst blaue und hellgrüne Tücher (Trauben) und für den Winter weiße Tücher (Schnee). Die Mutter deutet auf eine Jahreszeit, und die Kinder bewegen sich mit den Tüchern entsprechend.

Währenddessen oder danach singen alle das Lied.

Aus Baden

WIEGENLIED

In Mutters Stübele

78

1. In Mutters Stübele, da geht der hm, hm, hm, in Mutters Stübele, da geht der Wind.

2. Muß fast erfrieren drin vor lauter ... Wind.

3. Wir wollen betteln gehen, es sind uns ... zwei.

4. Du nimmst den Bettelsack und ich den ... Korb.

5. Ich geh' vors Herrenhaus und du vors ... Tor.

6. Ich krieg' ein Apfele und du ein' ... Birn'.

7. Du sagst „Vergelt es Gott", und ich sag' ... „Dank".

Schon ganz kleine Kinder sitzen bei diesem Lied gerne auf dem Schoß der Mutter und hören andächtig diesem etwas traurigen Lied zu. Nehmen Sie Ihr Kind fest in den Arm, und wiegen Sie sich in dieses Lied ein. Summen Sie zunächst leise auf „Hm, hm, hm". Dann können Sie den Text dazu singen. Sie werden merken, daß das Kind sehr schnell die Stelle mit dem „Hm, hm, hm" mitsummt. Nun können Sie diese Liedstelle ganz dem Kind überlassen, und Sie singen den Rest.

Aus dem Breisgau

ICH BIN DAS GANZE JAHR VERGNÜGT

79 Spannenlanger Hansel

Span-nen-lan-ger Han-sel, nu-del-dik-ke Dirn!
Gehn wir in den Gar-ten, schüt-teln wir die Birn'.
Schüt-tel' ich die gro-ßen, schüt-telst du die klein',
wenn das Sak-kerl voll ist, gehn wir wie-der heim.

Kinder lieben Fingerspiele. Wenn auf dem kleinen Finger noch eine Figur sitzt, wird das Lied ganz lebendig.

Aus Salzburg

Fingerpuppen

- Hülse einer Streichholzschachtel
- Leere Klopapierrolle
- Helle Plakafarbe
- Filzstifte
- Wollreste

Bemalen Sie die Hülse der Streichholzschachtel zunächst mit einer hellen Plakafarbe. Während des Trocknens kürzen Sie die Klopapierrolle um die Hälfte und malen sie auch an.

Mit Filzstiften kann nun Ihr Kind das Gesicht des „spannenlangen Hansel" und der „nudeldicken Dirn" aufmalen. Alte Wollreste (aufgetrennte Wolle sieht am besten aus!) oder Reste von Kreppapier kleben Sie als Haare an den oberen Rand der Streichholzschachtel bzw. der Klopapierrolle. Streifen Sie die gestaltete Hülse über zwei oder drei Finger einer Hand. Sie muß gut sitzen. In die Klopapierrolle wird wohl das ganze Händchen passen – oder Sie spielen die „nudeldicke Dirn" mit Ihren Fingern. Jetzt können die beiden Figuren miteinander in den Garten gehen, die Birnen schütteln ...

Ich bin das ganze Jahr vergnügt

80 Schneeflöckchen, Weißröckchen

Schnee-flöck-chen, Weiß-röck-chen, wann kommst du ge-schneit? Du kommst aus den Wol-ken, dein Weg ist so weit.

Zu diesem Lied paßt ein Schneeflöckchentanz: Das Kind verwandelt sich in eine Schneeflocke und spielt ihre zarten Bewegungen nach: sich drehen, langsam auf den Boden fallen und ganz klein werden. Schöner ist es, wenn es sich dafür mit einer alten dünnen weißen Gardine verkleiden darf.

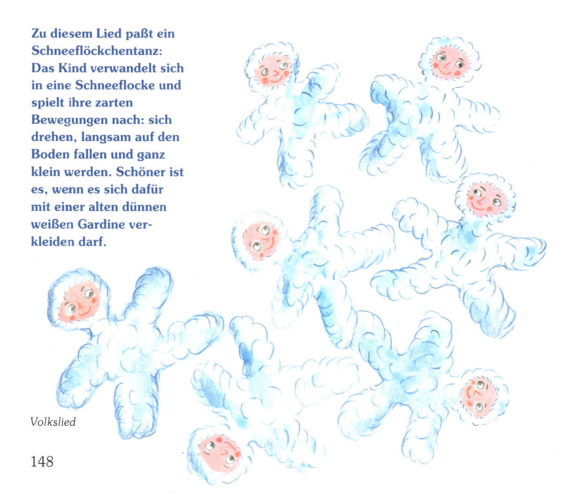

Volkslied

SCHNEE UND EIS

A, a, a, der Winter, der ist da 81

2. E, e, e, nun gibt es Eis und Schnee!
   Blumen blühn an Fensterscheiben,
   Flocken froh im Winde treiben.

3. I, i, i, vergiß des Armen nie!
   Womit soll er sich bedecken,
   wenn ihn Frost und Kälte schrecken?

4. O, o, o, wie sind die Kindlein froh!
   Sehen jede Nacht im Traume
   sich schon unterm Weihnachtsbaume.

5. U, u, u, du lieber Winter, du!
   Schenkst uns schöne Weihnachtsgaben,
   sollst nun unsern Dank auch haben.

Wenn der Winter eingekehrt ist, dann ist Toben im Schnee angesagt. Dazu gehört nicht nur der obligatorische Schneemann, sondern wirklich auch das Tollen, Wühlen, Toben und das Schlagen von Purzelbäumen in der weißen Pracht.

Volkslied
Text: Alfons Muggenthaler

ICH BIN DAS GANZE JAHR VERGNÜGT

82 Die Katze im Schnee

A, B, C, die Kat-ze lief in' Schnee, und als sie wie-der raus-kam, da hatt' sie wei-ße Hös-chen an. O-je-mi-ne, o-je-mi-ne, o-je-mi-ne, o je!

Volkslied

Die Katze im Schnee

- Ein Bogen schwarzes, festes Tonpapier
- Etwas weißes Tonpapier
- Leere Klopapierrolle
- Weiße Wachsmalkreide
- Schwarzer Filzstift
- Schere
- Flüssiger Kleber

Zeichnen Sie gemäß der Vorlage die Konturen des Vorder- und Hinterteils auf das schwarze Tonpapier, und schneiden Sie die Formen aus.

Ältere Kinder können das auch schon alleine. Mit der weißen Wachsmalkreide werden die Katzenbeine etwa zwei Zentimeter hoch kräftig angemalt (das ist der Schnee).

Dann wird das Gesicht der Katze auf weißes Tonpapier aufgezeichnet und ausgeschnitten. Mit dem schwarzen Filzstift Augen, Nase und Schnurrhaare aufmalen.

Für den Katzenschwanz schneiden Sie noch einen Streifen von zehn Zentimeter Länge und zwei Zentimeter Breite mit schwarzem Tonpapier zu.

Nun bekleben Sie die Klopapierrolle mit dem restlichen schwarzen Tonpapier und kleben das Vorderteil und das Hinterteil der Katze an.

ICH BIN DAS GANZE JAHR VERGNÜGT

83 Winter ade!

Win-ter, a-de! Schei-den tut weh. A-ber dein
Schei-den macht, daß mir das Her-ze lacht.
Win-ter, a-de! Schei-den tut weh!

Die Winteraustreibung wurde schon immer mit Lärm und Krach veranstaltet. Schließlich mußten ja die bösen Wintergeister vertrieben werden, damit der Frühling Einzug halten kann. Also dann los!

Aus dem Küchenschrank kommen eine Plastikschüssel, ein Kochlöffel oder auch zwei Eßlöffel – und schon läßt sich ein Heidenlärm veranstalten! Man kann aber auch zwei alte Topfdeckel aufeinanderschlagen oder einen Besen hernehmen und mit dem Stiel nach unten aufstampfen.

Wer einen solchen Lärm macht und dabei noch dieses Lied singt, treibt mit Sicherheit den Winter ein für allemal aus – um dann nächstes Jahr wieder sehnsüchtig auf ihn zu warten!

Volksweise
Text: Heinrich Hoffmann von Fallersleben

Das Frühjahr kommt

Ich bin das ganze Jahr vergnügt

84 Kräht der Hahn früh am Tage

1. Kräht der Hahn früh am Ta-ge, kräht er laut, kräht er weit: „Gu-ten Mor-gen, lie-be(r) ...., dein Ge-burts-tag ist heut."

Was gibt es Schöneres, als am Geburtstag gebührend geweckt zu werden! Die ganze Familie schleicht sich leise an das Bett des Geburtstagskindes und summt das Geburtstagsständchen. Vielleicht blinzelt das Geburtstagskind schon ein bißchen in sein neues Lebensjahr? Nun singen alle mit vereinten Kräften „Kräht der Hahn früh am Tage".

2. Und die Fischlein im Teiche
machen Spünge vor Freud':
„Guten Morgen, liebe (r) ...,
dein Geburtstag ist heut!"

3. Und da freun sich die Kinder,
und da freun sich die Leut':
„Guten Morgen, liebe (r) ...,
dein Geburtstag ist heut."

Mündlich überliefert

GEBURTSTAG

Peter hat Geburtstag 85

Dieses Geburtstagslied eignet sich hervorragend für den Auftakt einer Geburtstagsfeier in der Gruppe. Es kann als Kanon gesungen werden. Für kleinere Kinder ist die Singart des Kanons aber noch recht schwer; deshalb empfiehlt es sich, daraus einen Geburtstagsreigen zu machen.
Das Geburtstagskind sitzt auf einem Stuhl in der Mitte eines Kreises. Alle anderen Kinder fassen sich an der Hand und gehen zu diesem Lied im Kreis herum. Zwischendurch können einzelne Kinder sich vom Kreis lösen, in die Mitte gehen und der Hauptperson des Tages Glück wünschen. In diesem Fall sollte das Lied öfter hintereinander gesungen werden.

Text: Karl Vötterle
Melodie: Fritz Dietrich
aus: Bruder Singer (BA 1250),
© by Bärenreiter-Verlag,
Kassel

Ich bin das ganze Jahr vergnügt

86 Weil du heut Geburtstag hast

1. Weil du heut Ge-burts-tag hast, ist bei uns was los. Und weil wir bei dir zu Gast, ist die Freu-de groß. Hei, hei, hei! Hoch le-be das Ge-burts-tags-kind! Hei, hei, hei! Weil wir gern bei dir sind.

Bun-te Blu-men ha-ben wir für dich al-lein ge-pflückt. Wir wün-schen dir, wir wün-schen dir, daß dir heut al-les glückt.

Text: Rolf Krenzer
Melodie: Detlev Jöcker
aus Buch, MC und CD:
Heut ist ein Tag, an dem ich singen kann
Alle Rechte im Menschenkinderverlag, 48157 Münster

Eine Kindergeburtstagsfeier soll gut vorbereitet sein. Meist können sich die Kinder nicht einigen, was sie spielen wollen; deshalb ist es wichtig, daß die Eltern entsprechende Spiele vorbereitet haben. Die Abfolge der Spiele allerdings kann man ruhig einmal dem Zufall überlassen. Beispielsweise lassen sich Luftballons dazu verwenden, die Spielabfolge zu bestimmen: Blasen Sie bunte Luftballons in der Anzahl der Spiele auf. Stecken Sie zuvor einen kleinen gerollten Zettel hinein, auf dem ein Spiel steht. Das Geburtstagskind darf nun wählen, welcher Ballon an der Reihe ist. Alle Kinder versuchen ihn zum Platzen zu bringen, indem sie sich draufsetzen und herumhopsen. Ist der Luftballon geplatzt, fällt der Spielzettel heraus, und das nächste Spiel ist geboren.

GEBURTSTAG

2. Weil du heut Geburtstag hast,
   ist bei uns was los.
   Und weil wir bei dir zu Gast,
   ist die Freude groß.
   Von dem Kuchen essen wir
   ein riesengroßes Stück
   und wünschen dir
   und wünschen dir
   von ganzem Herzen Glück!

   Refrain:
   Hei, hei, hei!
   Hoch lebe das Geburtstagskind!
   Hei, hei, hei!
   Weil wir gern bei dir sind!

3. Weil du heut Geburtstag hast,
   ist bei uns was los.
   Und weil wir bei dir zu Gast,
   ist die Freude groß.
   Hell brennt das Geburtstagslicht.
   Es leuchtet hell und klar.
   Wir wünschen dir,
   wir wünschen dir
   ein gutes neues Jahr!

   Refrain:
   Hei, hei, hei!
   Hoch lebe das Geburtstagskind!
   Hei, hei, hei!
   Weil wir gern bei dir sind!

ICH BIN DAS GANZE JAHR VERGNÜGT

87 Viel Glück und viel Segen

Viel Glück und viel Segen auf all deinen Wegen. Gesundheit und Freude sei auch mit dabei!

Wer Geburtstag hat, möchte dies auch zeigen. Viele Kinder ziehen an ihrem Ehrentag gerne besonders schöne Kleider an. Auch eine schöne Geburtstagskette dient diesem Zweck. Von morgens bis abends wird sie stolz getragen, um jedem zu sagen: „Ich habe heute Geburtstag!"

*Kanon zu zwei bis vier Stimmen
Text und Melodie:
Werner Gneist
Aus „Glückwunsch-Kanons",
Bärenreiter Verlag, Kassel
und Basel*

Geburtstagskette

- Breites Geschenkband (ca. 1,5 Meter lang)
- Buntes Geschenkpapier
- Drei leere Klopapierrollen
- Schere
- Kleber

Jede Klopapierrolle wird so zugeschnitten, daß sich drei etwa gleich große Ringe ergeben. Das Geschenkpapier wird ebenfalls zugeschnitten. Es sollte ein bißchen breiter als die Rollen sein und ganz herumreichen. Die einzelnen Rollen werden bunt beklebt.

Schließlich fädelt man die bunten Rollen wie Perlen auf das Geschenkband auf. Feierlich wird diese Geburtstagskette überreicht und mit einer Schleife am Hals des Kindes geschlossen. Ab sofort weiß jeder, wer heute Geburtstag hat!

ICH BIN DAS GANZE JAHR VERGNÜGT

88   Sankt-Martins-Lied

1. Ein armer Mann, ein armer Mann, der klopft an viele Türen an. Er hört kein gutes Wort, und jeder schickt ihn fort. Er hört kein gutes Wort, und jeder schickt ihn fort.

Anhand des Liedes läßt sich die Martinslegende gut nachspielen. Dazu singen Sie am besten jeweils eine Strophe und spielen dann den Liedtext nach. Zur letzten Strophe zünden Sie eine Kerze oder die Martinslaterne an und machen mit Ihrem Kind einen kleinen Laternenumzug.

Text: Rolf Krenzer
Melodie: Peter Janssens
aus: Kommt alle und seid froh, 1982.
Alle Rechte im Peter Janssens Musik Verlag, Telgte-Westfalen

MARTINSTAG

2. Ihm ist so kalt. Er friert so sehr.
   Wo kriegt er etwas Warmes her?
   Er hört kein gutes Wort, und jeder
   schickt ihn fort.
   Er hört kein gutes Wort, und jeder
   schickt ihn fort.

3. Der Hunger tut dem Mann so weh,
   und müde stapft er durch den Schnee.
   Er hört kein gutes Wort, und jeder
   schickt ihn fort.
   Er hört kein gutes Wort, und jeder
   schickt ihn fort.

4. Da kommt daher ein Reitersmann,
   der hält sogleich sein Pferd hier an.
   Er sieht den Mann im Schnee und
   fragt: „Was tut dir weh?"
   Er sieht den Mann im Schnee und
   fragt: „Was tut dir weh?"

5. Er teilt den Mantel und das Brot
   und hilft dem Mann in seiner Not,
   so gut er helfen kann. Sankt Martin
   heißt der Mann.
   Er hilft, so gut er kann. Sankt Martin
   heißt der Mann.

6. Zum Martinstag steckt jedermann
   leuchtende Laternen an.
   Vergiß den andern nicht, drum brennt
   das kleine Licht.
   Vergiß den andern nicht, drum brennt
   das kleine Licht.

ICH BIN DAS GANZE JAHR VERGNÜGT

89 Laterne, Laterne

La - ter - ne, La - ter - ne, Son - ne, Mond und Ster - ne. Bren - ne auf, mein Licht, bren - ne auf, mein Licht, a - ber nur mei - ne lie - be La - ter - ne nicht.

Vielleicht läßt es sich einrichten, daß mehrere Eltern mit ihren Kindern einen gemeinsamen Martinsnachmittag verbringen. Wenn es dämmert, drängt es die Kinder mit ihren Laternen nach draußen. Auch die Eltern können sich eine Laterne nehmen und mit hinausgehen. Je mehr Kinder und Erwachsene dabei sind, desto schöner ist der Lichterreigen.

Aus Holstein

Martinslaterne

- Festes Zeichenpapier
- Verschiedenfarbiges Transparentpapier
- Runde Käseschachtel
- Wachsmalkreiden
- Flüssiger Klebstoff
- Schere
- Teelicht
- Dünner Draht
- Haltestab

Der obere Deckel der Käseschachtel wird herausgedrückt oder ein Kreis ausgeschnitten – das ergibt den oberen Rand der Laterne. Der Boden der Käseschachtel bleibt ganz. Er ergibt den Laternenboden. Zuerst wird das Zeichenpapier zugeschnitten. Man legt es um den Boden der Käseschachtel herum, gibt etwa zwei Zentimeter dazu und schneidet es ab (Zeichnung 1).

Nun bearbeitet das Kind dieses Zeichenpapier, indem es vorgezeichnete Formen ausschneidet, z.B. einen Kreis, ein Viereck ... (Zeichnung 2).

Hinter die ausgeschnittenen Formen das Transparentpapier kleben, dann das Zeichenpapier mit den beiden Teilen der Käseschachtel zusammenkleben (Zeichnung 3).

Schließlich muß auf den Boden der Laterne noch das Teelicht geklebt werden. Am oberen Laternenrand zwei kleine Löcher bohren, durch die der Draht gezogen wird, und die Laterne an einem Drahthaken, der am Haltestab festgemacht ist, aufhängen (Zeichnung 4).

163

ICH BIN DAS GANZE JAHR VERGNÜGT

90 Ich geh' mit meiner Laterne

Ich geh' mit mei-ner La-ter-ne und mei-ne La-
Da o-ben leuch-ten die Ster-ne, und un-ten, da

ter-ne mit mir. Mein Licht ist aus, ich
leuch-ten wir. Der Hahn, der kräht, die

geh' nach Haus'; ra-bim-mel, ra-bam-mel, ra-bumm.
Katz' mi-aut, ra-bim-mel, ra-bam-mel, ra-bumm.

Nieder-
deutsches
Kinderlied

NIKOLAUS

Niklausabend

91

1. Laßt uns froh und munter sein und uns in dem Herrn erfreun! **Kehrreim** Lustig, lustig, traleralala, bald ist Niklausabend da, bald ist Niklausabend da.

2. Bald ist unsre Schule aus, dann ziehn wir vergnügt nach Haus'.

3. Dann stell' ich den Teller auf, Niklaus legt gewiß was drauf.

4. Steht der Teller auf dem Tisch, sing' ich noch mal froh und frisch.

5. Wenn ich schlaf', dann träume ich: „Jetzt bringt Niklaus was für mich."

6. Wenn ich aufgestanden bin, lauf' ich schnell zum Teller hin.

7. Niklaus ist ein braver Mann, den man nicht g'nug loben kann.

Aus dem Hunsrück

Ich bin das ganze Jahr vergnügt

92 Ruprecht, Ruprecht

Ruprecht, Ruprecht, guter Gast, hast du mir was mitgebracht? Ruprecht, Ruprecht, guter Gast, hast du mir was mitgebracht? Hast du was, dann setz dich nieder, hast du nichts, dann geh nur wieder!

Volkstümlich

ADVENTSZEIT

Wann ist Advent?

93

2. Und wenn Sankt Nikolaus
   kommt fast in jedes Haus,
   mancher zur Mutter rennt,
   ist dann Advent?

3. Wenn einer achtsam ist,
   Not in den Augen liest,
   hilft auch, den er nicht kennt,
   dann ist Advent!

Text: Norbert Weidinger
Melodie: Gertrud Weidinger

ICH BIN DAS GANZE JAHR VERGNÜGT

94 Unser Licht ist hell

1. Un-ser Licht ist hell. Al-le soll'n es se-hen: Un-ser Licht ist hell.

2. Unser Licht ist schön ...

3. Unser Licht macht froh ...

4. Unser Licht ist warm ...

Zünden Sie abends, wenn es dunkel ist, eine Kerze an, und lassen Sie das Kind erzählen, wie das Licht aussieht: gelb, grün, blau, rot, aber auch wie es wirkt: Es macht warm, es ist schön, es macht froh ... Alle diese Ideen werden als neue, selbsterfundene Strophen hinzugefügt:

**Unser Licht ist gelb ...
Unser Licht ist rot ...
Unser Licht macht warm ...
Unser Licht ist schön ...
Unser Licht macht froh ...**

aus: Gertrud Lorenz: Hilfen für die religiöse Unterweisung geistigbehinderter Kinder. Deutscher Katecheten-Verein e.V., München

ADVENTSZEIT

ICH BIN DAS GANZE JAHR VERGNÜGT

95 Morgen kommt der Weihnachtsmann

1. Mor-gen kommt der Weih-nachts-mann, kommt mit sei-nen Ga-ben. Pup-pen, Pferd-chen, Sang und Spiel und auch sonst der Freu-de viel, ja, o welch ein Glücks-ge-fühl, könnt ich al-les ha-ben.

Zur Vorbereitung auf das Weihnachtsfest gehört auch das Gestalten von Weihnachtskarten.

2. Bitte, bitte lieber Weihnachtsmann,
denk an uns und bringe
Äpfel, Nüsse und Plätzchen mir,
Zottelbär und Panthertier,
Roß und Esel, Schaf und Stier,
lauter schöne Dinge.

3. Doch du weißt ja unsern Wunsch,
kennst ja unsre Herzen.
Kinder, Vater und Mama,
ja sogar der Großpapa,
alle, alle sind wir da,
warten dein mit Schmerzen.

Text: Hoffmann von Fallersleben
Melodie: volkstümlich

Weihnachtskarten

- Etwas feste Karton
- Weiße Postkarten
- Plakafarben
- Altes Teesieb
- Alte Zahnbürste
- Zeitungspapier zum Unterlegen

Zuerst werden auf den festen Karton Weihnachtsmotive aufgemalt, die man gut ausschneiden kann, z.B. Tannenbäume. Diese werden gemeinsam ausgeschnitten und dienen als Schablone. Die Schablonen auf die Postkarten legen und die mit Wasser vermischte Plakafarbe mit Hilfe des Teesiebes und der Zahnbürste auf die Postkarte spritzen. Aber aufgepaßt: Die Postkarten erst völlig abtrocknen lassen, bevor die Schablonen weggenommen werden.

ICH BIN DAS GANZE JAHR VERGNÜGT

96 Zu Bethlehem geboren

1. Zu Bethlehem geboren ist uns ein Kindelein, das hab' ich auserkoren, sein eigen will ich sein, sein eigen will ich sein.

2. In seine Lieb' versenken
will ich mich ganz hinab;
mein Herz will ich ihm schenken
und alles, was ich hab'.

3. O Kindelein, von Herzen
will ich dich lieben sehr,
in Freuden und in Schmerzen,
je länger und je mehr.

Aus dem Geistlichen Psalter, 1638

WEIHNACHTSFEST

Ihr Kinderlein, kommet 97

1. Ihr Kinderlein, kommet, o kommet doch all!
Zur Krippe her kommet in Bethlehems Stall!
Und seht, was in dieser hochheiligen Nacht
der Vater im Himmel für Freude uns macht.

2. Da liegt es, das Kindlein, auf Heu und auf Stroh.
Maria und Josef betrachten es froh.
Die redlichen Hirten knien betend davor.
Hoch oben schwebt jubelnd der Engelein Chor.

3. O beugt wie die Hirten anbetend die Knie!
Erhebet die Hände und danket wie sie!
Stimmt freudig, ihr Kinder – wer wollt' sich nicht freun? –,
stimmt freudig zum Jubel der Engel mit ein!

Text: Christoph von Schmid
Melodie: Johann Abraham Peter Schulz

Ich bin das ganze Jahr vergnügt

98 O Tannenbaum, o Tannenbaum

1. O Tannenbaum, o Tannenbaum, wie treu sind deine Blätter! Du grünst nicht nur zur Sommerszeit, nein, auch im Winter, wenn es schneit. O Tannenbaum, o Tannenbaum, wie treu sind deine Blätter!

2. O Tannenbaum, o Tannenbaum,
du kannst mir sehr gefallen!
Wie oft hat nicht zur Weihnachtszeit
ein Baum von dir mich hoch erfreut!
O Tannenbaum, o Tannenbaum,
du kannst mir sehr gefallen.

3. O Tannenbaum, o Tannenbaum,
dein Kleid will mich was lehren:
Die Hoffnung und Beständigkeit
gibt Mut und Kraft zu jeder Zeit!
O Tannenbaum, o Tannenbaum,
dein Kleid will mich was lehren.

Text: J. A. Zarnack
(erste Strophe), E. Anschütz
(zweite und dritte Strophe)
Melodie: volkstümlich

WEIHNACHTSFEST

Alle Jahre wieder

99

1. Al-le Jah-re wie-der kommt das Chri-stus-kind auf die Er-de nie-der, wo wir Men-schen sind.

2. Kehrt mit seinem Segen ein in jedes Haus,
   geht auf allen Wegen mit uns ein und aus.

3. Ist auch mir zur Seite still und unerkannt,
   daß es treu mich leite an der lieben Hand.

Text: W. Hey
Melodie: Friedrich Silcher

ALLE LIEDER VON A–Z

A, a, a, der Winter, der ist da 149
Alle Jahre wieder 175
Alle meine Entchen 100
Auf de schwäbsche Eisebahne 94
Auf unsrer Wiese gehet was 104

Backe, backe Kuchen 80
Bruder Jakob 35

Das Flummilied 75
Das Wandern ist des Müllers
    Lust 90
Der Butzemann 63
Der Kuckuck und der Esel 140
Der Mond ist aufgegangen 48
Der Sommertag ist da 142
Der Tanz der Sonne 139
Die Blümelein, sie schlafen 50
Die Jahreszeiten 144
Die Katze im Schnee 150
Die Tiroler sind lustig 114
Die Vögel wollten Hochzeit
    halten 106
Ding, dong, die Katz' ist krank 99
Drei Chinesen mit dem
    Kontrabaß 119

Ein kleines graues Eselchen 103
Ein Männlein steht im Walde 110
Ein Schneider fing 'ne Maus 70
Eisenbahn 93
Elefantennummer 120
Es klappert die Mühle 81
Es regnet 132
Es schneidet die Schere 85

Froh zu sein, bedarf es wenig 79
Froschkonzert 141

Gemüseball 68
Gretel, Pastetel 98
Grün heißt gehen 92
Grün sind alle meine Kleider 84
Guten Abend, gut' Nacht 51
Guten Morgen 34

Handwerkerlied 88

Hänschen klein 64
Häslein in der Grube 62
Heunt is der Faschingtag 128
Hofgesinde 108
Hüpferling-Ratelied 109

Ich bin das ganze Jahr vergnügt
    143
Ich bin ein kleiner Tanzbär 60
Ich geh' mit meiner Laterne
    164
Ich ziehe meine Hose an 38
Ihr Kinderlein, kommet 173
Im Frühling, im Garten 134
Immer rechtsherum 72
In Mutters Stübele 145

Jetzt steigt Hampelmann 36

Kehraus 39
Kindlein mein 45
Kommt a Vogerl geflogen 67
Kräht der Hahn früh am Tage
    154
Kuckuck, Kuckuck 130

Laterne, Laterne 162
Lauf, Jäger, lauf 112
Liebe Schwester, tanz mit mir 56
Liebe Sonne, scheine wieder 138
Liebe, liebe Sonne 136
Lied vom Nilpferd und der Feder
    74

Macht auf das Tor 54
Mäuse träumen 76
Mein Hut, der hat drei Ecken 78
Mein lieber kleiner Vogel 118
Morgen kommt der Weihnachts-
    mann 170

Niklausabend 165
Nun schlaf, mein liebes Kindelein
    47

O Tannenbaum, o Tannenbaum
    174

Peter hat Geburtstag 155

Regentröpfchen 131
Rumsdidel, dumsdidel, Dudelsack
    126
Ruprecht, Ruprecht 166

Sankt-Martins-Lied 160
Schlaf, Kindlein, schlaf 44
Schneeflöckchen, Weißröckchen
    148
Spannenlanger Hansel 146
Springlied 105
Suse, liebe Suse 66

Taler, Taler, du mußt wandern
    61

Unser Licht ist hell 168

Viel Glück und viel Segen 158

Wann ist Advent? 167
Wann und wo 122
Was haben wir Gänse für Kleider
    an 102
Weil du heut Geburtstag hast
    156
Weißt du, wieviel Sternlein
    stehen 42
Wenn der Mond am Himmel
    steht 40
Wenn wir fahrn fahrn fahrn
    115
Wer hat die schönsten Schäf-
    chen? 46
Wiegenlied 41
Winde wehn, Schiffe gehn
    116
Winter ade! 152
Wir reisen nach Jerusalem 96
Wollt ihr wissen, wie der Bauer
    82
Wollt ihr wissen? 58

Zeigt her eure Füßchen 86
Zu Bethlehem geboren 172